WALKING
Barcelona

WALKING

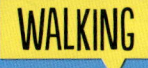

Barcelona

DER BESTE WEG, DIE STADT ZU ERLEBEN

Judy Thomson

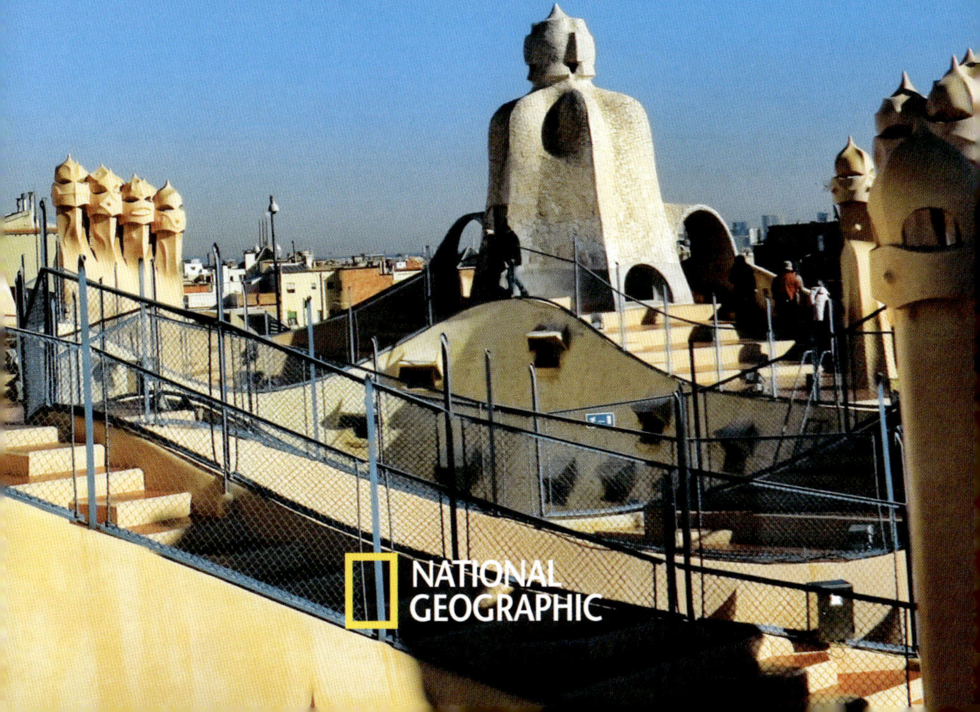

NATIONAL GEOGRAPHIC

Barcelona

INHALT

- 6 Vorwort
- 8 Zu Gast in Barcelona
- 10 Wegweiser für Leser

TEIL 1

SEITE 12
TOUR KOMPAKT

- 14 Barcelona an einem Tag
- 18 Barcelona an einem Wochenende
- 24 Barcelona for Fun
- 28 Barcelona für Feinschmecker
- 32 Barcelona – Wochenende mit Kindern

TEIL 2

SEITE 40
BARCELONAS STADTVIERTEL

- 44 Barri Gòtic
- 60 La Rambla & El Raval
- 76 Der Hafen
- 92 La Ribera
- 110 Passeig de Gràcia
- 126 La Sagrada Família bis Park Güell
- 144 Camp Nou bis Tibidabo
- 158 Montjuïc

TEIL 3

SEITE 174
PRAKTISCHE REISETIPPS

- 176 Praktische Reisetipps
- 180 Hotels
- 187 Sprachführer
- 188 Register
- 191 Autoren, Bildnachweis

Vorherige Seiten: La Pedrera; **links:** Santa Maria del Mar; **rechts:** Mirador de Colom; **oben rechts:** Fisch im L'Aquàrium; **unten rechts:** Miró, Picasso und Dalí

Vorwort

Als junger Fotograf träumte ich davon, mit meiner Kamera die Welt zu erkunden. Und dann kam er, mein erster Auftrag: Ein Porträt meiner Heimatstadt! Nichts leichter als das, möchte man meinen. Und doch könnte nichts schwieriger sein. Seither lebe ich meinen Traum, reise als Fotograf um die Welt und weiß heute, wie sehr ich meinen Erfolg jener ersten Herausforderung und damit Barcelona selbst zu verdanken habe. Hier, in der katalanischen Hauptstadt, durchzogen von engen Gassen, lebhaften Märkten und den weltberühmten Ramblas, kannte ich mich aus. Als Fotograf bestand meine Aufgabe jedoch darin, die Stadt durch die Linse eines Touristen zu sehen, der sich möglichst rasch zurechtfinden will. Bei meinem Streifzug durch die Stadt ließ ich mich von Emotion leiten, war immer wieder verzaubert von ihrer verborgenen Schönheit und ihren zahllosen überraschenden Momenten.

Das Buntglas-Oberlicht im Auditorium des Palau de la Música Catalana.

Mit Künstlern wie Miró, Picasso und Gaudí hat Barcelona in Sachen Kunst Herausragendes zu bieten, keine Frage, doch ich will Ihnen wärmstens empfehlen, die Stadt auch abseits der Touristenpfade zu erkunden: Folgen Sie dem Passeig de Gràcia über die Plaça Catalunya, vorbei am hohen Kolumbus-Denkmal bis mitten hinein nach La Barceloneta; tauchen Sie ein in das multikulturelle Labyrinth von Raval oder bestaunen Sie die moderne Eleganz des Planviertels L'Eixample. Und ganz nebenbei lernen Sie den mediterranen Lebensstil kennen – und genießen!

Tino Soriano
National Geographic Fotograf

Zu Gast in Barcelona

Barcelona ist eine der lebendigsten Städte Europas. Direkt am Mittelmeer gelegen, umrahmt von sanften Bergen, mit mittelalterlichen Straßen und architektonischen Juwelen, heißt die Stadt jedes Jahr mehr als sieben Millionen Besucher willkommen, die hier Strand, Kultur und das Nachtleben genießen.

Das Wichtigste in Kürze

Das Mittelmeer schwappt an die neu geschaffenen Strände entlang der Hafenpromenade. Landeinwärts bieten die beiden Hausberge, Montjuïc und Tibidabo, einen grandiosen Blick. Ihre Lage bescherte der Stadt im Mittelalter reichen Wohlstand, als Kaufleute Paläste bauten, in denen sich heute Bars, Geschäfte und Museen befinden. Im späten 19. Jh. schenkte der Architekturstil der *modernisme Català* der Stadt ihre berühmtesten Stätten, wie etwa die Sagrada Família, den Park Güell oder die Casà Mila, auch bekannt als La Pedrera.

Wege und Verkehrsmittel

Die Avinguda Diagonal durchschneidet die Stadt diagonal, beginnt im Südosten am Hafen und führt quer durch die Altstadt, vorbei an den wichtigsten Se-

Tag für Tag

Täglich geöffnet CaixaForum, La Catedral, La Pedrera, La Sagrada Família, Mirador de Colom, L'Aquàrium, Casa Batlló, Palau de la Música Catalana, FC Barcelona Museum, Poble Espanyol, Fundació Mies van der Rohe, Park Güell.

Montag Die meisten Sehenswürdigkeiten geschlossen, außer die oben genannten sowie MACBA, L'Auditori/Museu de la Música, Fundación Francisco Godia, Fundació Suñol.

Dienstag Alle Sehenswürdigkeiten geöffnet, außer: MACBA, Museu de la Música, Fundación Francisco Godia.

Mittwoch Alle Sehenswürdigkeiten geöffnet.

Donnerstag Alle Sehenswürdigkeiten geöffnet.

Freitag Alle Sehenswürdigkeiten geöffnet. Markttag.

Samstag Alle Sehenswürdigkeiten geöffnet. Einige Geschäfte schließen am Nachmittag.

Sonntag Alle Sehenswürdigkeiten geöffnet. Vielerorts freier Eintritt am ersten Sonntag eines Monats. Das Einkaufszentrum Maremagnum und der Markt Rambla del Raval haben geöffnet. Einige traditionelle Lokale haben am Abend zu.

Fiestas mit riesigen Figuren *(gegants)* spiegeln die ausgelassene Atmosphäre der Stadt.

henswürdigkeiten im Süden bis hinauf in die schicken Wohngegenden im Nordwesten. Zwei Hauptachsen, die Rambla de Catalunya und der Passeig de Gràcia, gehen von der Avinguda Diagonal bis zur Plaça de Catalunya. Von hier führt die Rambla bis zum Hafen. Stadtpläne, auf denen die Hauptachsen deutlich markiert sind, gibt es in jeder Touristeninformation oder an den Metro-Stationen.

Mitten im Herzen der ältesten Viertel (Barri Gòtic, La Ribera, El Raval) mit ihrem Labyrinth aus einladenden, engen und verwinkelten Gassen kann man sich leicht verirren, aber auch jede Menge Spaß haben. Das komplette Gegenteil zur Altstadt ist das geometrisch angelegte Viertel L'Eixample, das den alten Kern umschließt – so wie einst die mittelalterlichen Stadtmauern.

Der Rhythmus der Stadt

Barcelona ist eine Stadt der Nachteulen. Frühstück gibt es zur üblichen Tageszeit, Mittagessen aber nicht vor 14 Uhr und spätestens bis 16 Uhr. Zu dieser Zeit haben viele Geschäfte geschlossen, sind danach aber meist bis 20 oder 21 Uhr wieder geöffnet. Abendessen gibt es ab etwa 21 Uhr bis Mitternacht. Viele Clubs öffnen erst nach Mitternacht.

Wegweiser für Leser

Die beschriebenen Touren führen Sie zu den interessantesten Orten in Barcelona. Jede davon ist auf einer Karte eingezeichnet und so geplant, dass sie gut innerhalb eines Tages zu bewältigen ist und dass Öffnungszeiten ebenso wie günstige, weniger überlaufene Besucherzeiten berücksichtigt werden. Viele enden in der Nähe von Restaurants oder beliebten Lokalen für den Abend.

Tour kompakt

Dies sind Touren für Besucher, die nur einen Tag oder ein Wochenende Zeit haben, aber wenigstens das Allerwichtigste sehen wollen. Je nach Zeit und Interesse stehen mehrere Touren zur Auswahl: Tagestour, Wochenendtour (Tag 1 & Tag 2), Barcelona for Fun und Barcelona mit Kindern (Tag 1 & Tag 2).

Tipps für Tages- und Wochenendtouren: Auf einer Doppelseite werden Tipps und Insider-Informationen zu weiteren Sehenswürdigkeiten, Cafés und Restaurants entlang der vorgeschlagenen Routen geboten sowie Ideen zur individuellen Gestaltung der Touren.

Erläuterungen Für die Tour Barcelona for Fun sowie die Touren mit Kindern werden jeweils die Sehenswürdigkeiten mit praktischen Informationen für Besucher auf einer Doppelseite beschrieben.

Stadtviertel-Touren

Die neun Stadtviertel-Touren beginnen jeweils mit einer Einführung, gefolgt von einer Karte, in der die entsprechenden Sehenswürdigkeiten entlang der Route verzeichnet sind, und anschließend deren Erläuterung. Darauf folgt jeweils die Doppelseite »Im Detail« mit den wichtigsten Sehenswürdigkeiten der Tour, »Typisch Barcelona« mit Informationen über ein besonderes Merkmal des Viertels und schließlich, thematisch gegliedert, »Best of« im Viertel.

Routenkarte Eine Karte des Viertels zeigt die wichtigsten Sehenswürdigkeiten und Straßen sowie die U-Bahn-Stationen.

Legende Sie bietet eine Kurzbeschreibung der jeweiligen Sehenswürdigkeit und dient als Wegweiser zum nächsten Ziel der Tour. Seitenhinweise beziehen sich auf die ausführliche Erläuterung der Sehenswürdigkeit im Buch.

Route Gestrichelte Linien verbinden die Sehenswürdigkeiten.

Eintrittspreise für Sehenswürdigkeiten

€	unter 4 Euro
€€	4–8 Euro
€€€	8–13 Euro
€€€€	13–18 Euro
€€€€€	über 18 Euro

Preise für Restaurants
(pro Person, ohne Getränke)

€	unter 15 Euro
€€	15–25 Euro
€€€	25–40 Euro
€€€€	40–60 Euro
€€€€€	über 60 Euro

Erläuterungen Informationen zur jeweiligen Sehenswürdigkeit in der Tour-Reihenfolge sowie deren Adresse, Website, Telefonnummer, Eintrittspreise, Öffnungszeiten und die nächste U-Bahn-Station.

Gut essen Eine Auswahl von Cafés und Restaurants entlang der Route.

WEGWEISER FÜR LESER | 11

TEIL 1

Tour kompakt

TOUR KOMPAKT

Barcelona an einem Tag

Erkunden Sie die Highlights der Stadt, beginnend mit einem baulichen Meisterwerk am Morgen und einem Abend am Strand.

❶ **La Sagrada Família** (siehe S. 136–139) Beginnen Sie den Tag am berühmten Wahrzeichen der Stadt. Gaudís monumentale Basilika, deren Bau 1882 begann, ist bis heute nicht vollendet und überwältigt die Besucher durch ihre schiere Größe und radikale Baukunst. Weiter geht es zum Passeig de Gràcia.

❷ **Illa de la Discòrdia** (siehe S. 116–117) Auf dem Passeig de Gràcia bewundern Sie den »Block der Zwietracht« – drei verschieden gestaltete Bauten der *modernista*-Architektur. Vorbei an Designerläden und quer über die Plaça Catalunya kommen Sie auf die La Rambla.

❸ **La Rambla** (siehe S. 60–69) Auf der Promenade, vorbei am Markt La Boqueria und dem Opernhaus Liceu erreichen Sie das Kolumbus-Denkmal. Dort machen Sie kehrt, gehen die Rambla wieder ein Stück hinauf und nach rechts in die Gasse Portaferrissa, die direkt auf den Platz vor der Kathedrale führt.

**BARCELONA AN EINEM TAG STRECKE: 6,5 KM
DAUER: ETWA 10 STD. START: METRO SAGRADA FAMÍLIA**

❹ Catedral (La Seu) (siehe S. 51) Seit Baubeginn 1298 wurde die Hauptkathedrale der Stadt erst Ende des 19. Jh. fertiggestellt. Im Schatten gotischer Gebäude spazieren Sie zur Plaça de l'Angel, weiter über die Via Laietana zum Carrer de la Princesa, und von dort nach rechts in den Carrer Montcada.

❺ Museu Picasso (siehe S. 102–105) Beachten Sie am Eingang die gotischen Details des mittelalterlichen Palasts, der Picassos frühe Werke beherbergt. Vom Carrer Montcada geht es durch das hippe Viertel El Born zum Pla de Palau und weiter über den Passeig d'Isabel zur grell-bunten Skulptur »Barcelona Head« des Pop-Art-Künstlers Roy Lichtenstein.

TOUR KOMPAKT

❻ Der Hafen (siehe S. 76–91) Jachthäfen, begrünte Kaianlagen, Restaurants, Kinos, Geschäfte und das berühmte L'Aquarium prägen heute das Bild der modernisierten alten Hafenmeile (Port Vell). Machen Sie zur Abkühlung eine kleine Bootstour und bummeln Sie danach über den Moll de la Fusta zum Passeig Joan de Borbó.

BARCELONA AN EINEM TAG | 15

BARCELONA **AN EINEM TAG**

Tipps

Weltberühmte Gebäude, eindrucksvolle Monumente, belebte Strände – zu sehen gibt es genug. Barcelona bietet auf engstem Raum so viel wie kaum eine andere Stadt und eignet sich ideal für einen Kurztrip. Auch wer nur wenig Zeit mitbringt, wird mit diesen Tour-Vorschlägen auf seine Kosten kommen.

TOUR KOMPAKT

❶ **La Sagrada Família** (siehe S. 136–139) Eine geführte Tour durch die Kirche dauert ein paar Stunden. Sie können das Bauwerk aber auch zu Fuß umrunden und die Türme an der Geburtsfassade oder die Skulpturen an der Passionsfassade aus den 1980ern von außen bestaunen. Beim Frühstück im Straßencafé bietet die Architektur einen überwältigenden Anblick. Wenige Schritte weiter, die Avinguda Gaudi hinauf, liegt das nächste *modernista*-Bauwerk, das ■ HOSPITAL DE LA SANTA CREU I SANT PAU (siehe S. 130–131), erbaut von Domènech i Montaner, einem Zeitgenossen Gaudís.

❷ **Illa de la Discòrdia** (siehe S. 116–117) So heißt der Häuserblock um die Casa Batlló, ein bauliches Glanzstück und beliebtes Fotomotiv bei Touristen. Dekorative Details zieren das dreiteilige Ensemble. Anschließend besuchen Sie das ■ MUSEU DEL MODERNISME CATALÀ (siehe S. 143), das einen Eindruck von den Häusern der Bourgeoisie gibt.

❸ **La Rambla** (siehe S. 60–69) Nach einem Kaffee im ■ CAFÉ ZURICH (siehe S. 124) am oberen Ende der Rambla geht es hinein in die Menschenmenge auf der Promenade. In den Hallen des ■ MERCAT DE LA BOQUERIA (siehe S. 67),

Bei einem Kaffee beobachten Sie das bunte Treiben auf der Rambla.

wo sich Obst, Gemüse, Oliven, Nüsse, Schweinshaxen und Meeresfrüchte auf zahllosen Ständen türmen, sollten Sie unbedingt einen der raren Plätze ergattern und ihren Gaumen verwöhnen.

❹ Catedral (siehe S. 51) Wer teuren Eintritt sparen möchte, kommt am besten vor 13 oder nach 17 Uhr. Krypta und Museum sind dann zwar geschlossen, dafür genießen Sie die majestätische Architektur der überwölbten Kreuzgänge in kerzenerleuchteter Stille. Gleich hinter der östlichen Nebentür der Kathedrale liegt das ■ MUSEU FREDERIC MARÉS *(Plaça Sant Iu, 5, www.museumares.bcn.cat, Tel. 932 563 500, €, geschl. Mo, 1. Jan, 1. Mai, 24. Juni, 25. Dez)*. Zu sehen sind Skulpturen aus vorrömischer Zeit sowie eine Sammlung von Alltagsgegenständen aus dem Privatbesitz des Bildhauers Marés. Im Innenhof lädt das Café d'Estiu (in den Wintermonaten geschlossen) zu einer Pause ein.

❺ Museu Picasso (siehe S. 102–105) Zu den hier ausgestellten frühen Werken gehört auch das »Porträt der Mutter des Künstlers«, das Picasso mit nur 15 Jahren malte. Sie können die Besichtigungstour jederzeit abkürzen und die engen Gassen rings um den ■ CARRER MONTCADA erkunden, wo viele Straßennamen an mittelalterliche Gilden erinnern, wie Carrer dels Sombrerers (Hutmacher) oder Carrer dels Cotoners (Textilhandwerker), und es heute zahllose Modeboutiquen und Cafés gibt.

> **PLAN B**
>
> Infos und Karten zu Kulturveranstaltungen gibt es im Palau de la Virreina (siehe S. 66), einem Stadtpalais gleich neben dem Mercat de la Boqueria, das heute als Kulturzentrum dient. Ein Konzert im Palau de la Música Catalana (siehe S. 96–97), einem Konzertsaal des *modernisme*-Architekten Lluís Domènech i Montaner, ist ein Fest für Augen und Ohren.

❻ Der Hafen (siehe S. 76–91) In der Unterwasserwelt des ■ L'AQUÀRIUM (siehe S. 81) erleben Sie Haie und Kraken hautnah. Shoppingfans kommen im ■ MAREMAGNUM *(www.maremagnum.es)* auf ihre Kosten. Kleine Stärkung gefällig? Traditionelle Reisgerichte gibt es im ■ ELX *(Moll d'Espanya, 5, Tel. 932 258 117, €€€)*, von wo aus Sie Fischern beim Fang zuschauen können. Weiter geht es durch versteckte Gassen im Viertel ■ BARCELONETA (siehe S. 35), dem einstigen Fischereizentrum, wo sich eine Tapas-Bar an die andere reiht. Genießen Sie einen abendlichen Spaziergang am Strand und lassen Sie den Tag bei einem Cocktail in einer der vielen *xiringuitos* (Strandbars) ausklingen.

TOUR **KOMPAKT**

TAG **1**

Barcelona an einem Wochenende

Der erste Tag führt Sie zu stimmungsvollen Plätzen, zu Museen auf einem Hügel und mit der Seilbahn an den Hafen.

❸ **Fundació Joan Miró** (siehe S. 166) Als Stiftung gegründet, zeigt dieses lichtdurchflutete, dem Künstler Joan Miró gewidmete Museum eine erstklassige Sammlung seiner Werke. Über die Avinguda de l'Estadi gehen Sie bis zum Schwimmbad Picornell, wo gegenüber eine Rolltreppe zum Palau Nacional hinaufführt.

❹ **Museu Nacional** (siehe S. 168–169) Dieses monumentale Gebäude, 1929 für die Weltausstellung erbaut, beherbergt 1000 Jahre katalanische Kunstgeschichte und bietet großartige Stadtansichten. Nach dem Museumsbesuch nehmen Sie am Schwimmbad Picornell den Bus 150 zur Plaça de Carlos Ibáñez und von dort die Seilbahn.

❷ **Palau Güell** (siehe S. 70–71) Im Auftrag für den Industriellen Eusebi Güell entwarf der junge Gaudí 1885 dieses Stadtpalais. Die Räume im Innern bergen eine Fülle an Details. An der Metro-Station Paral·lel nehmen Sie den Funicular de Montjuïc (Standseilbahn) hinauf zum Berg Montjuïc.

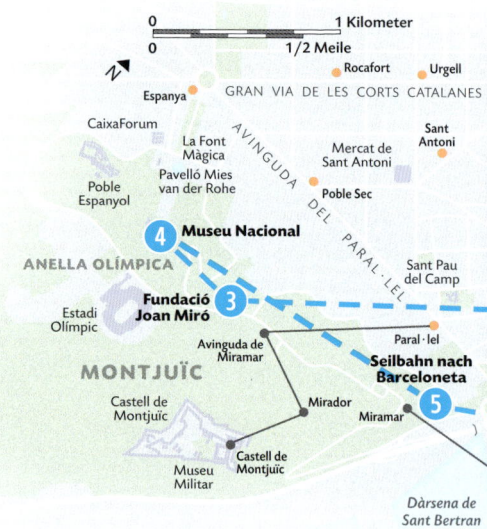

❺ **Seilbahn nach Barceloneta** (siehe S. 84) In der Seilbahn gleiten Sie über den riesigen Hafen und haben einen gigantischen Rundumblick über die Stadt bis zum Tibidabo, dem höchsten Gipfel der Serra de Collserola. Die Fahrt endet an der Torre de Sant Sebastià unweit der Strände.

**BARCELONA AN EINEM WOCHENENDE TAG 1 STRECKE: 5,5 KM
DAUER: ETWA 9 STD. START: METRO LICEU**

❽ Plaça Reial (siehe S. 53) Zahllose Bars und Restaurants schmiegen sich unter den Bogengewölben rings um diesen wunderschönen Platz aus dem 19. Jh. aneinander – ideal zum Entspannen nach einem langen Tag.

❶ Mercat de la Boqueria (siehe S. 16–17, 67) Auf dem wichtigsten Markt der Stadt schmeckt das Frühstück besonders gut. Wie wäre es mit frischem Tintenfisch, pochierten Eiern und dazu ein Glas Cava? Gut gestärkt geht es weiter, die Rambla hinunter zur Nou de la Rambla.

❼ Plaça de Sant Jaume (siehe S. 50) An diesem kopfsteingepflasterten Platz, dem einstigen Forum Romanum, finden sich der Palau de la Generalitat (Sitz der katalanischen Regierung) und die Casa de la Ciutat, wo der Stadtrat tagt. Nach wenigen Metern die Calle Ferran entlang biegen Sie auf die Plaça Reial.

❻ Der Hafen (siehe S. 76–91) Nach einem Spaziergang entlang der insgesamt 4,8 km langen Strände (alle mit Duschen) folgen Sie der Hafenkante bis zum Moll de la Fusta, wo Sie den Passeig de Colom überqueren und Ihren Weg die Calle Regomir hinauf fortsetzen.

TOUR **KOMPAKT**

TAG **2**

Barcelona an einem Wochenende

Besuchen Sie am zweiten Tag prachtvolle Bauten und Museen und entspannen in zwei Stadtparks.

❶ **Park Güell** (siehe S. 131–133) Brechen Sie früh auf, um die Massen zu vermeiden, die in diesen bezaubernden Park pilgern, den Gaudí auf dem hügeligen Terrain erschaffen hat. Nehmen Sie die Metro Richtung Sagrada Família und steigen Sie an der Haltestelle Diagonal um.

❷ **La Sagrada Família** (siehe S. 136–139) Bewundern Sie Gaudís Meisterwerk mit bevorzugtem Einlass ohne Schlange stehen, indem Sie Ihr Ticket im Voraus online kaufen! Folgen Sie der Calle Provença, wo kunstvolle *modernista*-Details Tore, Balkone und Dächer schmücken, bis zur Casa Milà (»La Pedrerea«), Ecke Passeig de Gràcia.

❸ **La Pedrera (Casa Milà)** (siehe S. 118–119) Dieses außergewöhnliche Wohngebäude zieht sich um eine ganze Straßenecke herum und macht die visionäre Kraft spürbar, die der Erbauer Gaudí einst in die organischen Formen legte. Mit der Metro fahren Sie bis zur Station Catalunya und gehen von dort die Avenguida Portal de l'Àngel hinunter.

**BARCELONA AN EINEM WOCHENENDE TAG 2 STRECKE: 5 KM
DAUER: ETWA 11 STD. START: METRO LESSEPS**

4 Catedral (La Seu) (siehe S. 51) Die Hauptkathedrale der Stadt ist umgeben von Überresten der römischen Wachtürme und wehrhaften Steinwällen. Folgen Sie dem Carrer dels Comtes, der schmalen Straße seitlich an der Kathedrale, und biegen Sie hinter dem Palau del Loctinent links ab.

5 MUHBA Plaça del Rei (siehe S. 54–55) Begrenzt von den Mauern des alten Königspalasts, hat dieser Platz ein einzigartiges Flair. Ein Muss: das MUHBA, Museu de Historia de Barcelona, das im Palast untergebracht ist. Weiter geht es über Carrer de la Llibreteria, Via Laietana und Carrer de la Princesa bis zum Carrer Montcada.

6 Museu Picasso (siehe S. 102–105) Das Museum besteht aus zusammenhängenden Stadtpalästen aus der Blütezeit des Mittelalters und zeigt die Frühwerke Picassos, der zu den größten Künstlern des 20. Jh. zählt. Vom Carrer Montcada biegen Sie nach links in den Passeig del Born.

7 Born Centre Cultural (siehe S. 100) In diesem Kulturzentrum in einer alten Markthalle mit schmiedeeiserner Architektur sind bauliche Überreste aus dem 18. Jh. integriert, die bei Umbauarbeiten freigelegt wurden. Gehen Sie durch das Gebäude durch und überqueren Sie dann den Passeig de Picasso.

TOUR KOMPAKT

8 Parc de la Ciutadella (siehe S. 100–101) 1714 bauten spanische Truppen hier eine Zitadelle. Erst später wurde auf dem Gelände ein Park angelegt, wo es heute u. a. das katalanische Parlament und den Zoo zu sehen gibt. Das grüne Idyll ist ideal für einen Abendspaziergang.

BARCELONA AN EINEM WOCHENENDE | **21**

Tipps

Über die Seitenverweise finden Sie weiterführende Informationen an anderer Stelle im Buch. Mit den nachfolgenden Tipps für kleine Abstecher zu anderen lohnenden Zielen und alternativen Tourvorschlägen können Sie den Tag ganz nach Ihren Interessen gestalten.

TAG 1

❶ **Mercat de la Boqueria** (siehe S. 16–17, 67) Es herrscht morgendliche Geschäftigkeit, wenn Marktleute ihre Stände mit frischer Ware bestücken. Wer ruhiger frühstücken möchte, findet am Hintereingang das ■ ANTIC HOSPITAL DE LA SANTA CREU (siehe S. 66). Hier im lauschigen Innenhof des ehemaligen Spitals bietet das El Jardí eine gute Küche *(Hospital, 56, Tel. 932 853 834)*.

La Boqueria ist ein Paradies für Gourmets.

❸ **Fundació Joan Miró** (siehe S. 166) Wer sich mehr für Sport als für Kunst begeistert, besichtigt das ■ OLYMPIASTADION, den ■ PALAU SANT JORDI (siehe S. 165) und das ■ MUSEU OLÍMPIC I DE L'ESPORT *(Avinguda de l'Estadi, 60, www.museuolimpicbcn.cat, €€, geschl. Mo, 1. Jan, 1. Mai, 25./26. Dez)*. Der Weg zur Seilbahn führt Sie über hügeliges Gelände durch wunderschöne Gärten und bietet einen Blick in das Freibad ■ PISCINA MUNICIPAL DE MONTJUÏC (siehe S. 172).

❼ **Plaça de Sant Jaume** (siehe S. 50) Lassen Sie sich von der Atmosphäre des Viertels verzaubern. ■ EL CALL, die Hauptstraße des einstigen jüdischen Viertels (siehe S. 49), führt auf den Carrer Bany Nous. Einen süßen Kalorienschub gibt es in Hausnummer 8, in der *xurreria*. Weiter geht es zu zwei der schönsten Plätze der Altstadt, zur

■ Plaça de Sant Josep Oriol (siehe S. 49), und zur benachbarten ■ Plaça del Pi (siehe S. 48–49), die von der mächtigen gotischen Kirche ■ Santa Maria del Pi (siehe S. 57) dominiert wird.

TAG 2

❷ **La Sagrada Família** (siehe S. 136–139) Wenn Sie zu Fuß zur Kathedrale gehen, sollten Sie das Viertel Gràcia erkunden, das sich seine dörfliche Atmosphäre bewahrt hat, sowie den Park Güell. Schmale Gassen mit traditionellen und modernen Geschäften sowie viele einladende Plätze mit Cafés und Bars prägen das Bild.

❸ **Casa Milà (La Pedrera)** (siehe S. 118–119) Einen guten Blick auf das Gebäude erhalten Sie von der gegenüberliegenden Straßenseite aus. Anschließend lädt der mondäne ■ Passeig de Gràcia (siehe S. 110–125) zum Schaufensterbummel ein, wobei Sie die schillernden Fassaden der drei modernistischen Bauten im sogenannten »Block der Zwietracht«, der ■ Illa de la Discòrdia (siehe S. 116–117), auf sich wirken lassen.

❻ **Museu Picasso** (siehe S. 102–105) Sonntags nach 15 Uhr ist der Eintritt frei, dafür müssen Sie mit langen Warteschlangen rechnen. In jedem Fall lohnt ein Blick auf die prachtvollen Fassaden entlang dieser Straße. Über den Carrer dels Sombrerers kommen Sie zur Kirche ■ Santa Maria del Mar (siehe S. 98–99), dem vielleicht schönsten Symbol für katalanische Gotik-Architektur (siehe S. 56–57).

❽ **Parc de la Ciutadella** (siehe S. 100–101) Wer mit Kindern unterwegs ist, sollte diesen Park unbedingt besuchen, solange der Zoo geöffnet hat. Einen Fahrradverleih gibt es ganz in der Nähe *(Passeig de Picasso, 40)*, oder mieten Sie sich ein Ruderboot. Zurück in El Born genießen Sie ein Abendessen im Senyor Parellada *(Argentería, 37, www.senyorparellada.com, Tel. 933 105 094, €€€)*, einem Restaurant mit charmantem Ambiente, das katalanische Gerichte neu interpretiert.

> **PLAN B**
>
> Wenn Shopping oben auf Ihrer Liste steht, planen Sie dafür eher den Samstag ein. Auf dem Passeig de Gràcia, den Sie mit der Metro von den Stationen Barceloneta oder Drassanes aus bequem erreichen, gibt es jede Menge Designershops. Oder Sie erkunden die Boutiquen in El Born (siehe S. 99), die Läden auf dem Carrer d'Avinyó oder dem Carrer dels Banys Nous. Die Geschäfte im Maremàgnum (täglich bis 22 Uhr) sowie der Markt in der Rambla del Raval (siehe S. 69) haben sonntags geöffnet.

TOUR KOMPAKT

Barcelona for Fun

Genießen Sie Ihren Tag beim Shopping, am Strand, in der Seilbahn oder bei einer Tasse heißer Schokolade ... um nur einige Highlights zu nennen.

❼ **El Raval** (siehe S. 27, 60–75) Das Zentrum des Nachtlebens, das mit Tapas und Drinks den perfekten Start in den Abend bietet. Nach Mitternacht ziehen Sie über die Rambla weiter ins Gotische Viertel, wo Sie im Café de l'Ópera eine Tasse heiße Schokolade probieren sollten.

❻ **La Font Màgica** (siehe S. 27, 75) 1929 erbaut, ist dieser »magische Brunnen« der größte der Stadt: Wasserfontänen schießen gen Himmel, tanzen zur Musik und scheinen in bunten Lichtern. Wenn Sie sich sattgesehen haben, nehmen Sie die Metro 1 an der Plaça d'Espanya und fahren bis zur Station Universitat.

❺ **Las Arenas** (siehe S. 27, 162) Die historische Stierkampfarena ist heute eine Shoppingmall. Eine Kuppel überspannt die Boutiquen, Cafés und Freizeiteinrichtungen. Über die Avinguda de la Reina Maria Cristina schlendern Sie weiter zum berühmten Springbrunnen La Font Màgica.

**BARCELONA FOR FUN   STRECKE: 9,8 KM   DAUER: 11–12 STD.
START: METRO PLAÇA DE CATALUNYA**

24 | WALKING BARCELONA

❶ **Plaça de Catalunya** (siehe S. 26, 114–115) Ergattern Sie einen Außentisch im Café Zurich und beobachten Sie das lebhafte Treiben auf dem Platz. Anschließend bummeln Sie über den Passeig de Gràcia. Von der Kathedrale kommend, geht es über die Avenida del Portal de l'Angel weiter nach El Born.

❷ **El Born** (siehe S. 26, 99) Dieses Viertel mit seiner gotischen Architektur und den engen Gassen ist ein Erlebnis, nicht zuletzt wegen der vielen Boutiquen und dem Mercat de Santa Caterina. Nach einem Besuch im Museu Picasso spazieren Sie auf dem Passeig de Joan de Borbó hinunter zum Meer.

❸ **Platja de la Barceloneta** (siehe S. 26) Genießen Sie die Sonne am Strand von Barceloneta. Weiter geht es zur eisernen Torre de Sant Sebastià, von wo aus Sie mit der Gondel hinauf auf den Montjuïc fahren.

❹ **Montjuïc** (siehe S. 26, 158–173) Aus einer der roten Gondeln genießen Sie die Vogelperspektive auf den Hafen. Nach einem Spaziergang durch die Gärten fahren Sie mit dem Funicular de Montjuïc, der den Montjuïc mit der Station Paral·lel verbindet, wieder hinunter; unten angekommen, folgen Sie der breiten gleichnamigen Avinguda nach Westen.

TOUR KOMPAKT

BARCELONA FOR FUN | **25**

BARCELONA **FOR FUN**

Plaça de Catalunya

1 Ob nachts oder tags, am wohl berühmtestem Platz Barcelonas tummeln sich stets jede Menge Menschen – und Tauben. Das **Café Zurich** (siehe S. 124), das in den 1930ern eröffnete und damals beliebter Treffpunkt von Schriftstellern und Künstlern war, hat sich den Charme vergangener Tage bewahrt. Ein Block weiter, am **Passeig de Gràcia** (siehe S. 115–116), finden sich Antoni Gaudís eigenwillig verspielte **Casa Batlló** sowie weitere modernistische Meisterwerke.

Café Zurich, Plaça de Catalunya, 1 • Tel. 933 179 153 • Metro: Catalunya

El Born

2 Ein Gewirr aus engen Gassen prägt das Bild dieses Gotischen Viertels. Die Kirche **Santa Maria del Mar** (siehe S. 57, 98–99) aus dem 14. Jh. sowie das **Museu Picasso** (s. S. 102–105) gehören zu den kulturellen Highlights *(Montcada, 15–23, www.museupicasso. bcn.cat, Tel. 932 563 000, €€€)*. Mit seinen vielen Boutiquen und Bars sowie dem farbenprächtigen **Mercat de Santa Caterina** (siehe S. 97) zeigt das Viertel aber auch eine modernere Seite.

El Born • Metro: Jaume I

Platja de la Barceloneta

3 Der Strand von Barceloneta ist bei Einheimischen wie Touristen gleichermaßen beliebt. Er markiert das südliche Ende der vielen langen Stadtstrände und lädt mit seinen vielen Freiluft-Cafés zum Verweilen ein.

Passeig Marítim Barceloneta • Metro: Barceloneta

Montjuïc

4 Der Hausberg der Stadt erhebt sich hoch über den Hafen und ist wahrlich sehenswert. Vom Hafen aus fahren Sie mit der Hafenseilbahn hinauf, zurück geht es mit dem Funicular de Montjuïc.

Metro: Paral·lel und Funicular und Telefèric de Montjuïc

Las Arenas

5 Die alte Arena wurde zu einem attraktiven Einkaufspalast umgebaut. Die historische **Plaza de Toros** mit ihrer effektvollen Fassade im Stil des *Neomudéjar* ist mit einer futuristischen Kuppel überdacht und beherbergt alle möglichen Geschäfte, Lokale sowie ein modernes Cineplex-Kino – skurril, selbst nach Gaudís Maßstäben.

Gran Via de les Corts Catalanes • www.arenasdebarcelona.com • Tel. 932 890 244 • Metro: Espanya

La Font Màgica

6 Der »magische Brunnen«, die perfekte Hintergrundkulisse für den nahegelegenen **Palau Nacional** (siehe S. 168–169), gilt als eines der schönsten Wahrzeichen der Stadt und erfreut sich seit seiner Einweihung 1929 großer Beliebtheit. Jeden Abend wird er mit mehr als 4500 Glühbirnen in einem 30-minütigen Lichtspektakel in Szene gesetzt.

Plaça de Carles Buïgas • Metro: Espanya

El Raval

7 Der einstige Rotlichtbezirk hat sich zu einem angesagten Szeneviertel mit legendärem Nachtleben gewandelt. Schicke Restaurants, Bars und Kneipen, kombiniert mit dem verruchten Charme aus alten Tagen, sind ein echtes Erlebnis! Auf dem Nachhauseweg über die Rambla empfiehlt sich ein Absacker im **Café de l'Òpera** *(La Rambla, 74, www.cafeoperabcn.com, Tel. 933 177 585).*

El Raval • Metro: Liceu

In den Straßen von El Raval feiert man ausgelassen mit Musik und Tanz.

TOUR KOMPAKT

BARCELONA FOR FUN | **27**

TOUR KOMPAKT

Barcelona für Feinschmecker

Zahllose Restaurants und die vielen Märkte mit ihrem überwältigenden Angebot an Waren und Küchenutensilien machen die Stadt zu einem wahren Schlemmerparadies!

7 Vinçon (siehe S. 31) Diesen Designer-Konsumtempel mit seiner Riesenauswahl an Produkten für die feine Küche sollten Sie auf keinen Fall verpassen. Weiter geht es über den Carrer del Rossello.

8 Roca Moo (siehe S. 31) Ein Abendessen in diesem Lokal, geführt von den mit zwei Michelinsternen ausgezeichneten Brüdern Roca, bildet den krönenden Abschluss Ihrer kulinarischen Tagesreise durch die Stadt.

6 Casa Calvet (siehe S. 31) Herrliche Schoko-Köstlichkeiten lohnen einen Abstecher in das von Gaudí erbaute Haus. Ein paar Blocks weiter biegen Sie nach rechts auf den Passeig de Gràcia.

5 Vila Viniteca (siehe S. 31) Diese Weinhandlung führt ein riesiges Sortiment. Durch das Altstadtviertel La Ribera bummeln Sie bis nach Eixample und biegen dann vom Carrer del Bruc nach links auf den Carrer des Casp.

TOUR KOMPAKT

❶ Granja Viader (siehe S. 30) Starten Sie Ihre kulinarische Tour in dieser alten Milchbar. Danach gehen Sie den Carrer Xucla hinunter bis Carrer del Carme; nach wenigen Metern biegen Sie zuerst nach rechts, dann nach links bis zum Seiteneingang des Mercat de la Boqueria.

❷ Mercat de la Boqueria (siehe S. 30, 67) Erleben Sie, wie der beliebteste Markt der Stadt zum Leben erwacht, und probieren Sie sich durch die vielen Tapas-Bars. Von der anderen Seite der Rambla aus ist es nicht weit zum Barri Gòtic; überqueren Sie die Via Laietana zum Carrer de la Princesa und biegen Sie dann in den Carrer Montcada.

❹ Restaurant 7 Portes (siehe S. 30) In einem der ältesten Restaurants der Stadt genießen Sie das Mittagessen. Gut gestärkt, geht es von der Llotja aus weiter in den Carrer dels Canvis Vells und von dort nach links in die Calle Agullers.

❸ El Xampanyet (siehe S. 30) Wer in dieser stets rappelvollen Bar einen *aperitivo* möchte, braucht Geduld und Ellbogen. Über den Passeig del Born gehen Sie weiter zum Pla de Palau.

**BARCELONA FÜR FEINSCHMECKER STRECKE: 4 KM
DAUER: ETWA 9 STD. START: METRO CATALUNYA**

BARCELONA **FÜR FEINSCHMECKER**

Granja Viader

① In einer schmalen Gasse gönnen Sie sich einen *cafe amb llet* (Milchkaffee) mit einem *melindro* (Weichgebäck) in der ältesten Milchbar der Stadt. Probieren Sie auch die berühmte *xocolata desfeta* (süße, dickflüssige, heiße Schokolade) des Hauses.

Xuclà, 4–6 • Tel. 933 183 486 • geschl. über Mittag, So • Metro: Catalunya

Mercat de la Boqueria

② Der Seiteneingang in dieses Mekka für Feinschmecker führt Sie zu Ständen, auf denen sich jede Menge saisonale Produkte türmen. Wer Lust hat, schließt sich einer englischsprachigen Tour mit Sophie Ruggles *(www.sophieruggles.com)* an. Oder Sie buchen einen Kochkurs, wo Sie die Zubereitung katalanischer Gerichte erlernen.

La Rambla, 91 • www.boqueria.info • Tel. 933 182 584 • geschl. So, Feiertage • Metro: Liceu

El Xampanyet

③ Der hauseigene *cava* sowie die in Essig marinierten Anchovis sind Markenzeichen dieser Bar. Serviert wird außerdem *vermut*, roter Wermut mit einem Spritzer Soda.

Montcada, 22 • Tel. 933 197 003 • geschl. So (nachmittags)–Mo und Aug • Metro: Jaume I

Restaurant 7 Portes

④ Seit 1836 hat dieses Lokal unzählige Generationen von Katalanen bewirtet – mit *arros caldos* (einer saftigen Meeresfrüchte-Paella) oder geschmorter Ziegenschulter.

Passeig Isabel II, 14 • www.7portes.com • Tel. 933 193 033 • Metro: Barceloneta

Hübsche Keramikkacheln zieren die Wände der berühmten Bar El Xampanyet.

Vila Viniteca

5 Lassen Sie sich von hauseigenen Weinexperten durch diese Bodega führen, um seltene katalanische Weine zu finden, oder buchen Sie eine Weinprobe in englischer Sprache.

Agullers, 7&9 • www.vilaviniteca.es • Tel. 902 327 777 • geschl. So, im Juli und Aug auch Sa (nachmittags) • Metro: Jaume I

Casa Calvet

6 Dieses Restaurant der Spitzenliga serviert katalanische Speisen. Besuchen Sie auch das berühmte **Chocolates Brescó** nebenan und gönnen Sie sich eine Tafel echte Bitterschokolade, eine heiße Schokolade oder einen Milkshake.

Casp, 48 • www.chocolatesbresco.com • Tel. 974 543 008 • geschl. So • Metro: Urquinaona

Vinçon

7 Stöbern Sie durch diesen riesigen Laden mit den neuesten Haushaltsaccessoires, entwickelt von Produktdesignern wie Luki Huber, der zusammen mit einem Kreativteam des ehemaligen Restaurants *elBulli* für neue kulinarische Konzepte steht. Sehenswert ist auch die original erhaltene Einrichtung im ersten Stock, wo einst der modernistische Maler Ramon Casas i Carbó lebte.

Passeig de Gràcia, 96 • www.vincon.com • Tel. 932 156 050 • geschl. So • Metro: Diagonal

Roca Moo

8 Verwöhnen Sie sich in diesem Hotelrestaurant mit modern interpretierten katalanischen Speisen vom Allerfeinsten, die den Brüdern Roca zahlreiche Preise eingebracht haben. In der modernen offenen Küche werden die Speisen direkt vor Ihren Augen zubereitet. Von Seebarsch an Trüffeln über Artischocken bis Birnen an Estragon – das achtgängige Joan-Roca-Menü lässt keine Wünsche offen.

Rosselló, 265 • www.hotelomm.es • Tel. 934 454 000 • geschl. So und Mo • Metro: Diagonal

TOUR **KOMPAKT**

TAG 1

Barcelona – Wochenende mit Kindern

Tiere und Natur, Schokolade und Eiscreme – füllen Sie Ihren ersten Familientag in Barcelona mit viel Abenteuerlust und Gaumenkitzel aus.

❹ **Mirador de Colom** (siehe S. 35, 83) Die Promenade am Hafen entlang führt Sie zur Kolumbussäule, die Christopher Kolumbus zu Ehren 1492 errichtet wurde. Ein Fahrstuhl bringt Sie hinauf auf eine Aussichtsplattform, von wo aus Sie einen herrlichen Rundumblick haben.

❸ **Museu de la Xocolata** (siehe S. 35, 142) Schoko-Verkostung, Schoko-Kunst und die Chance, die Hände in flüssige Schokolade zu tauchen, machen dieses Museum zu einem Erlebnis. Folgen Sie dem Carrer del Comerç und biegen Sie dann nach rechts auf den Passeig d'Isabel II, um zum Hafen zu gelangen.

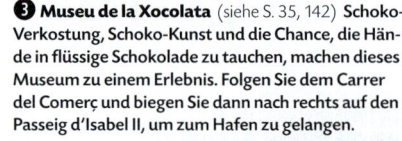

❺ **Golondrinas** (siehe S. 35, 82) Wie wäre es mit einer Hafenrundfahrt? Oder mit einer Tour hinaus aufs Mittelmeer in einem der modernen Boote der Golondrinas-Flotte? Zurück am Kai nehmen Sie dann ein Taxi zum Strand.

BARCELONA MIT KINDERN TAG 1 STRECKE: 6,3 KM
DAUER: ETWA 9 STD. START: METRO ARC DE TRIOMF

❷ Barcelona Zoo (siehe S. 34–35, 101) Das Zoogelände ist Teil des Parc de la Ciutadella, und der Zoo selbst einer der ältesten Europas. Zu seinen besonderen Highlights gehören das Gorillagehege und die Komodowarane. Danach gehen Sie vom Passeig de Picasso aus weiter den Carrer de la Princesa hinunter.

❶ Parc de la Ciutadella (siehe S. 34, 100–101) Beginnen Sie den Tag mit einem Besuch im ältesten Park der Stadt. Posieren Sie für Familienfotos vor den bizarren Fabelwesen am riesigen Wasserfall »Cascada«.

❻ Strand (siehe S. 35, 90–91) Verbringen Sie den restlichen Nachmittag an einem der beliebten Stadtstrände, flankiert vom gigantischen blauen Hotel W und der riesigen Fisch-Skulptur von Frank Gehry, dem »Peix«.

TOUR KOMPAKT

BARCELONA – WOCHENENDE **MIT KINDERN**

Ruderpartie auf dem Estany, dem künstlichen See im Parc de la Ciutadella.

Parc de la Ciutadella

1 Wer eine Auszeit vom Trubel sucht, wandern, radeln oder rudern möchte, für den ist der Park genau das Richtige! Beginnen Sie Ihren Tag mit einer Bootstour über den See neben dem Wasserfall (**Cascada**). Danach stärken Sie sich mit einem Frühstück unter freiem Himmel im Café am Ufer, bevor Sie den Zoo ansteuern.

Eingang: am Passeig de Picasso und am Passeig de Pujades • Metro: Arc de Triomf, Barceloneta, Jaume I

Barcelona Zoo

2 Von Gorillas und Orang-Utans bis hin zu Berberaffen und Großen Weißnasenmeerkatzen – Primaten sowie über 400 Tierarten aus aller Welt sind das Highlight dieses wunderschönen städtischen Zoos. Im Aquarama finden Delfin- und Seelöwenshows statt. Daneben gibt es einen Streichelzoo für die Kleinen und an den meisten Wochenenden spezielle Aktivitäten für die ganze Familie mit interessanten Einblicken in die Welt der Tiere.

Passeig de Picasso, Parc de la Ciutadella • www.zoobarcelona.cat • Tel. 902 457 545 • €€€€ • Metro: Arc de Triomf, Barceloneta oder Jaume I

Museu de la Xocolata

3 Barcelonas Schokoladentradition steht hier im Mittelpunkt. Kinder dürfen bei allerlei Mitmach-Aktionen naschen, schnuppern und mit der braunen Masse sogar malen. Auch einige der Wahrzeichen der Stadt sind hier in Miniaturform in Schokolade gegossen.

Carrer del Comerç 36 • www.museuxocolata.cat • Tel. 932 687 878 • € • geschl. 1. und 6. Jan, 1. Mai, 25./26. Dez • Metro: Jaume I, Arc de Triomf

Mirador de Colom

4 Für Kinder unvergesslich ist der spektakuläre Blick über das Meer, den man hoch oben auf der Aussichtsplattform der Kolumbussäule genießt!

Plaça Portal de la Pau • www.barcelonaturisme.com • Tel. 932 853 834 • € • geschl. 1. Jan, 25. Dez • Metro: Drassanes

Golondrinas

5 Eine Hafenrundfahrt dauert 35 Minuten, die große Tour hinaus aufs offene Meer 90 Minuten. Im Sommer können Sie zwischen Kolumbussäule und den Stränden hin und her kreuzen.

Moll de Drassanes • www.lasgolondrinas.com • Tel. 934 423 106 • Hafenrundfahrt €€, Küstentour €€€ • geschl. 1. Jan, 25. Dez • Metro: Drassanes

Strand

6 Von **Port Vell** und **Barceloneta** bis zum Fòrum reihen sich die Stadtstrände Barcelonas in einem weiten Sandbogen aneinander. Platja de la Barceloneta nahe der Innenstadt gehört zu den familienfreundlichsten.

Metro: Barceloneta

TOUR KOMPAKT — TAG 2

Barcelona – Wochenende mit Kindern

Hoch hinauf geht es am zweiten Tag! Spazieren Sie durch einen Dschungel, touren Sie durch Spanien oder drehen Sie eine Runde auf dem Riesenrad!

5 Tibidabo (siehe S. 39, 151) Seit seiner Eröffnung 1901 hat dieser Park ganzen Generationen von Familien Spaß und Vergnügen bereitet. Hier ist für jeden etwas dabei. Ein kurzes Stück weiter sind Sie an der Torre des Collserola.

4 CosmoCaixa (siehe S. 38–39, 150) Der Regenwald ist nur eine der Attraktionen in diesem Wissenschaftsmuseum. Hinauf auf den Tibidabo geht es in der Tramvia Blau (siehe S. 150), dann weiter im Funicular.

6 Torre de Collserola (siehe S. 39, 156) Ein Aufzug bringt Sie auf die Plattform im 10. Stock, von wo aus Sie einen einmaligen Blick genießen. Mit der Bergbahn Vallvidrera Funicular geht es am Abend wieder hinunter.

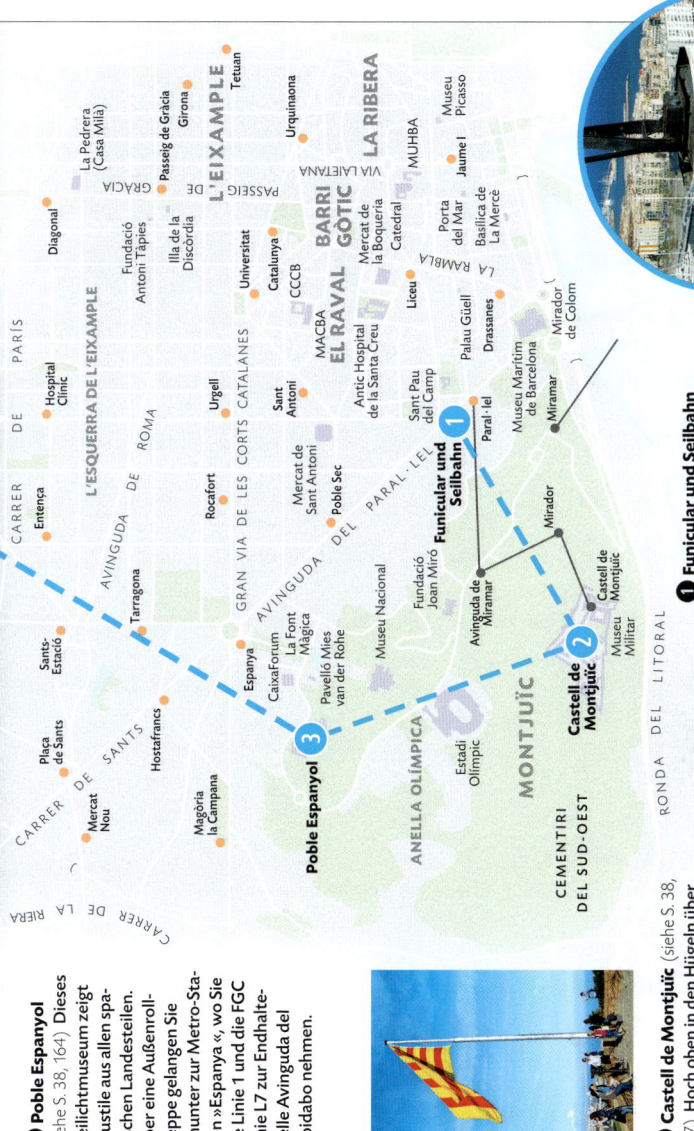

❸ Poble Espanyol

(siehe S. 38, 164) Dieses Freilichtmuseum zeigt Baustile aus allen spanischen Landesteilen. Über eine Außenrolltreppe gelangen Sie hinunter zur Metro-Station »Espanya«, wo Sie die Linie 1 und die FGC Linie L7 zur Endhaltestelle Avinguda del Tibidabo nehmen.

❷ Castell de Montjuïc

(siehe S. 38, 167) Hoch oben in den Hügeln über der Stadt thront geschichtsträchtig diese Festungsanlage aus dem 17. Jh. Nehmen Sie den Bus 150 Richtung Poble Espanyol.

❶ Funicular und Seilbahn

(siehe S. 38, 167) Die Zahnradbahn (Funicular de Montjuïc) ist an das Metro-Netz der Stadt angeschlossen. Sie fährt von der Metro-Station Paral·lel direkt auf den Montjuïc hinauf.

TOUR KOMPAKT

BARCELONA MIT KINDERN TAG 2 STRECKE: 17,7 KM
DAUER: ETWA 9 STD. START: METRO PARAL·LEL

BARCELONA – WOCHENENDE MIT KINDERN | **37**

BARCELONA – WOCHENENDE **MIT KINDERN**

Funicular und Seilbahn

1 Eine Kombi aus Zahnradbahn (Funicular) und Seilbahn bringt Sie hinauf auf die Nordseite des Montjuïc. Die Strecke verläuft größtenteils unterirdisch, doch sobald die verglasten Gondeln durch die Lüfte schwingen, sorgt die einmalige Aussicht für Begeisterung.

Avinguda del Paral·lel • www.tmb.cat • € • Metro: Paral·lel

Castell de Montjuïc

2 Erbaut Anfang des 17. Jh., hat diese sternförmige Festung unzählige Militäraktionen überdauert. Kinder lieben die grauenvollen Geschichten rund um die Burg, Schauplatz von Folter und Hinrichtungen. Unbedingt sehenswert sind die Kanonen, die dem Schutz der Stadt gegen Invasoren vom Meer dienen sollten, bisweilen aber auch auf die eigene Stadt gerichtet wurden.

Carretera de Montjuïc • www.bcn.cat • Tel. 933 298 653 • Metro: Paral·lel

Poble Espanyol

3 Diese Attraktion auf dem Montjuïc nimmt Sie mit auf eine Tour durch Spanien. In alten Gebäuden mit Baustilen aus 15 Landesteilen schauen Sie Handwerkern bei der Arbeit zu oder Sie genießen Spiele und Shows. Gutes Essen gibt es zum Beispiel im La Freiduría Tío Pepe *(Arcos, 9)*, wo Spezialitäten aus Südspanien auf der Karte stehen: Tapas, frittierter Fisch oder die bei Kindern beliebten *calamares a la romana* (Tintenfisch).

Avinguda de Francesc Ferrer i Guàrdia, 13 • www.poble-espanyol.com • Tel. 935 086 300 • €€€ • Metro: Espanya

CosmoCaixa

4 Dieses großartige Wissenschaftsmuseum versetzt Klein und Groß gleichermaßen ins Staunen. Das **Planetarium** mit regelmäßigen Vorführungen sowie der nachgebaute **Amazonas-Regenwald** mit Piranhas und Anakondas sind nur zwei der vielen Highlights. Es gibt Mitmach-Workshops wie **Toca, Toca!**, Wissen-

Im CosmoCaixa sorgen riesige Aquarien mit Wassertieren aus dem Regenwald für Staunen!

schaft zum Anfassen für die Kleinen oder das interaktive Forschungslabor **Clik** für die Großen.

Carrer d'Isaac Newton 26 • www.obrasocial.lacaixa.es • Tel. 932 126 050 • € • geschl. Mo, 1. und 6. Jan, 25. Dez • Metro: Avinguda Tibidabo

Tibidabo

5 Ob alte Fahrgeschäfte wie der Drehturm Talaia (1921) und der Flugsimulator Avio (1928) oder neue Attraktionen wie die grellrote Muntanya Russa, eine Achterbahn mit 30 m Fallhöhe – dieser Vergnügungspark bietet Nervenkitzel pur!

Plaça del Tibidabo 3-4 • www.tibidabo.cat • Tel. 932 117 942 • €€€€€ • Öffnungszeiten bitte online einsehen • FGC: Av. Tibidabo (Tramvia Blau oder Bus Linie 196, an der Endhaltestelle umsteigen in den Funicular del Tibidabo)

Torre de Collserola

6 Dieser futuristische Fernsehturm auf dem Berg Tibidabo bietet den höchsten Aussichtspunkt über die Stadt.

Carretera de Vallvidrera al Tibidabo • www.torredecollserola.com • Tel. 932 117 942 • € • Öffnungszeiten bitte online einsehen • Metro: Peu del Funicular

TEIL 2

Barcelonas Stadtviertel

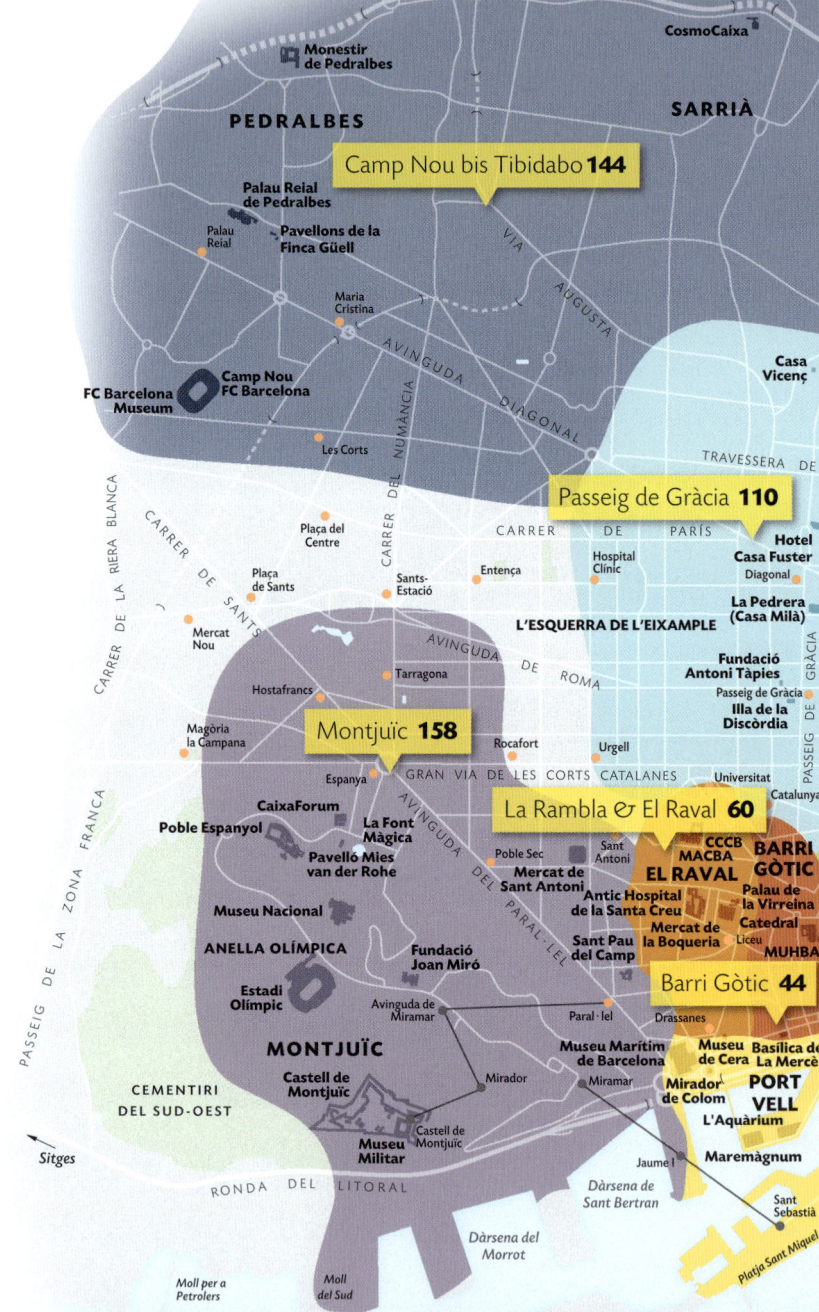

Barcelonas Stadtviertel

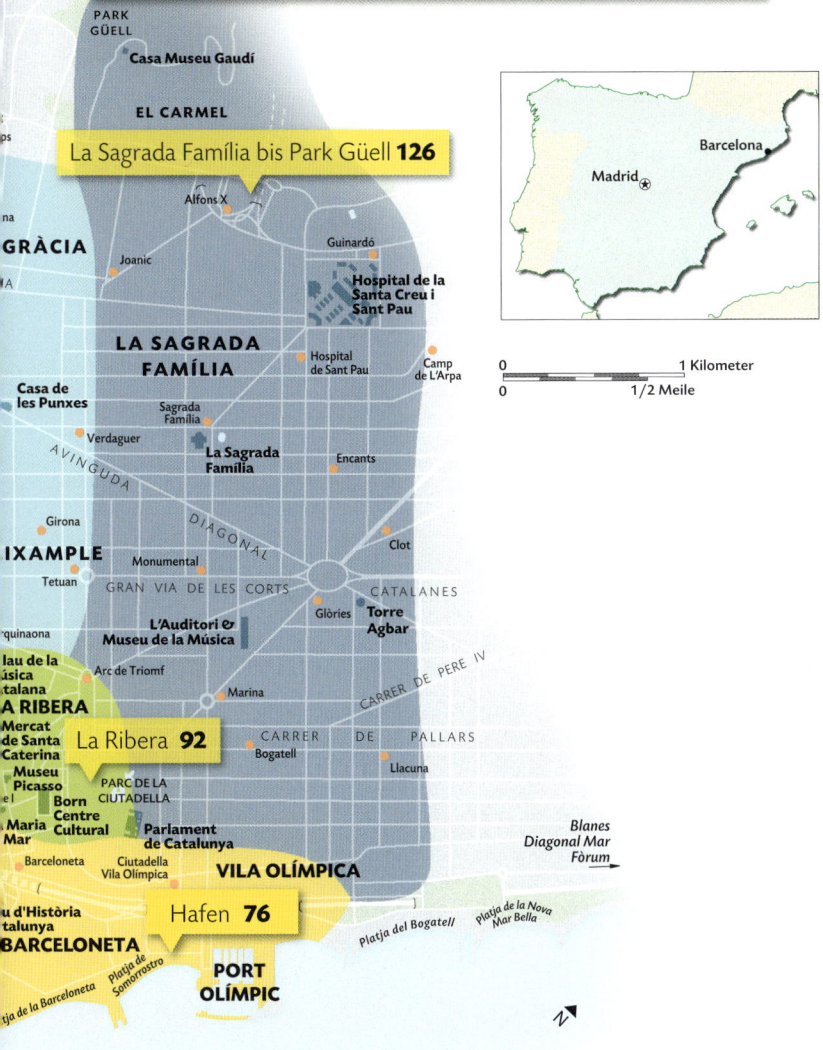

BARRI GÒTIC

Barri Gòtic

Das mittelalterliche Herzstück der Altstadt liegt zwischen La Rambla und Via Laietana, begrenzt von der Plaça Catalunya im Norden und Port Vell im Süden. Das sogenannte »Gotische Viertel« wurde auf den Ruinen der frührömischen Siedlung Barcino errichtet. Im 4. Jh. von römischen Stadtmauern umgeben, breitete sich die Stadt rasant aus. Die engen Gassen des Barri Gòtic atmen bis heute den Geist der Geschichte, und die alten Steingemäuer zeugen von verschiedenen Epochen. Entdecken Sie Spuren der mittelalterlichen jüdischen Gemeinde, die bis 1492, als sie aus Spanien vertrieben wurden, hier lebte. Bestaunen Sie die gotische Fassade des Palau de la Generalitat (Regierungssitz Kataloniens), genießen Sie einen Kaffee in idyllischen Innenhöfen sowie die kulturelle Dynamik dieser modernen Stadt, ob in Kunstgalerien oder Modeboutiquen. Und nehmen Sie sich unbedingt Zeit, um die kleinen Gassen und offenen Zugänge zu den vielen alten Villen zu erkunden.

- **46** Stadtviertel-Tour
- **54** Im Detail: MUHBA–Plaça del Rei
- **56** Typisch Barcelona: Katalanische Gotik
- **58** Best of: Plätze & Anlagen

◐ **Radelpause an der imposanten Gotischen Kathedrale.**

BARCELONAS STADTVIERTEL | **45**

STADTVIERTEL-TOUR

Barri Gòtic

Entdecken Sie das antike Herz der Stadt in den historischen Gassen des Gotischen Viertels.

❶ **Plaça de la Vila de Madrid** (siehe S. 48) Ein idyllischer Ruhepunkt. Vom oberen Ende der Rambla aus gehen Sie in Richtung Süden, dann links in den Carrer de la Canuda. Überqueren Sie die geschäftige Einkaufsmeile Carrer Portaferrissa zum Carrer de Petritxol, der zur Plaça del Pi führt.

❷ **Plaça del Pi** (siehe S. 48–49) Auf dem Platz angekommen, stehen Sie vor der Kirche Santa Maria del Pi. Das P im katalanischen Namen steht für »Pinienbaum«. Vorbei an der Kirche geht es weiter über den Carrer dels Banys Nous.

❺ **Plaça de Sant Felip Neri** (siehe S. 50, 58) Ringsum finden Sie ein Boutique-Hotel, ein ausgefallenes Schuhmuseum und eine Schule. Über den mittelalterlichen Friedhof Montjuïc del Bisbe erreichen Sie linker Hand die Plaça Nova und die Avinguda de la Catedral.

❻ **Catedral (La Seu)** (siehe S. 51) Die Türme der Hauptkathedrale überragen sämtliche Bauten der Umgebung. Folgen Sie dem Carrer dels Comtes, vorbei am Museu Frederic Marès, und biegen dann hinter dem Palau del Lloctinent nach links.

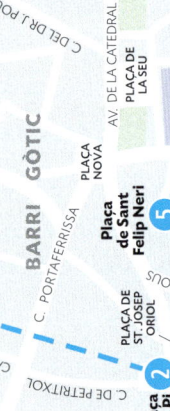

❸ El Call (siehe S. 49) Die Auslage im traditionsreichen Hutgeschäft Obach ist einen ausgiebigen Blick wert. Von hier biegen Sie nach links in das ehemalige jüdische Viertel El Call mit seinen winzigen mittelalterlichen Gassen. Am Ende des Rundgangs durch das Viertel gelangen Sie auf einen Platz.

❹ Plaça de Sant Jaume (siehe S. 50) Der Palau de la Generalitat und die Casa de la Ciutat dominieren diesen wunderschönen Platz. Weiter geht es über den Carrer des Bisbe mit seiner berühmten neogotischen Brücke, hinter der Sie nach links und am Hotel Neri dann nach rechts biegen.

❼ MUHBA – Plaça del Rei (siehe S. 54–55) Auf diesem wahrlich königlichen Platz, flankiert vom einstigen Königspalast Palau Reial Major, steht das Historische Museum der Stadt (MUHBA). Wieder zurück an der Plaça de Sant Jaume folgen Sie dem Carrer de la Llibreteria und dem Carrer de la Ciutat bis zur Calle del Regomir.

❽ Porta del Mar (siehe S. 52) Die Porta del Mar, für die alten Römer das »Tor zum Meer«, ist heute in den Gebäudekomplex der Stadthalle Pati Limona integriert. Weiter geht es auf der Calle del Regomir in Richtung Hafen, am Carrer Ample dann nach rechts.

❾ Basílica de la Mercè (siehe S. 52–53) Diese Kirche ist La Mare de Déu de la Mercé, der Hl. Jungfrau der Gnade und Schutzpatronin der Stadt, geweiht und hat für die Barceloneser daher eine große emotionale Bedeutung. Auf dem Carrer Ample gehen Sie weiter und biegen dann rechts in den Carrer Nou Sant Francesc, der auf die Plaça Reial zuführt.

❿ Plaça Reial (siehe S. 53) Dieser majestätische, von Arkaden umsäumte Platz ist ideal zur Entspannung nach einem langen Tag oder zur Einstimmung aufs bunte Nachtleben.

BARRI GÒTIC STRECKE: 2,5 KM DAUER: ETWA 8 STD.
START: METRO CATALUNYA

BARRI GÒTIC

STADTVIERTEL-**TOUR**

Plaça de la Vila de Madrid

1 Auf diesem Platz liegt eine außergewöhnliche Sehenswürdigkeit – eine Nekropole, ein römisches Gräberfeld aus dem 1. bis 3. Jh. v. Chr. Es wurde in den 1950ern entdeckt und lag damals wohl außerhalb der römischen Stadtmauern. Im **Palau Savassona**, einem Palast aus dem 18. Jh., ist das Kulturzentrum **Ateneu** untergebracht, das ausschließlich Mitgliedern vorbehalten ist. Termine für öffentliche Veranstaltungen hängen am Eingang aus.

Plaça de la Vila de Madrid, nahe Carrer de la Canuda • Metro: Catalunya

Plaça del Pi

2 Der Weg zu diesem Platz führt Sie durch eine enge Gasse, den Carrer de Petritxol, mit vielen Häuserbalkonen, Läden und Kunstmuseen, darunter die **Sala Parés**. Unübersehbar ist die spektakuläre Schaufensterauslage mit allem rund ums Messer im Traditionsgeschäft **Ganiveteria Roca**. Die festungsähnliche Fassade

Die eleganten Gebäude an der Plaça del Pi bieten eine bezaubernde Kulisse.

der Kirche **Santa Maria del Pi** (siehe S. 57) dominiert den Platz. Zwischen 1319 und 1391 erbaut, ist sie ein herausragendes Beispiel katalanischer Gotik. Das wunderschöne Rosenfenster wurde von Josep M. Jujol restauriert, einem engen Freund Gaudís. Mit einem Touristen-Ticket (€€) können Sie Krypta und Kirchenschatzkammer besichtigen. Auf der Plaça del Pi und der benachbarten **Plaça de Sant Josep Oriol** stellen Künstler am Wochenende ihre Werke aus. An jedem ersten und dritten Wochenende im Monat gibt es einen Markt mit traditionell zubereiteten Produkten wie Käse, Honig, Schokolade und Brot.

Plaça del Pi & Plaça de Sant Josep Oriol • Metro: Liceu

GUT **ESSEN**

■ BUENAS MIGAS
Dieses anglo-italienische Lokal bietet neben Focaccia-Spezialitäten auch viele hausgemachte Speisen. **Baixada de Santa Clara, 2, Tel. 933 191 380, €**

■ CAFÈ DE L'ACADÈMIA
Unbedingt reservieren, denn Tische in diesem preisgünstigen Lokal sind heiß begehrt. Katalanische Küche vom Feinsten mit Raffinesse in charmantem, rustikalem Ambiente. **Plaça Sant Just, Tel. 933 198 253, geschl. Wochenende, €€€**

■ CAFÈ DE L'ESTIU
Ideal für die kleine Pause ist dieses lauschige Café im Innenhof des Museu Frederic Marés, dem einstigen Garten des Palau Reial. Das Glockenspiel von der nahen Kathedrale sorgt für musikalische Untermalung. **Plaça de Sant Iu, 5–6, Tel. 933 103 014, geschl. Okt bis Mrz, €**

El Call

Das ehemals jüdische Viertel El Call fand im Mittelalter zur Blüte, bis antijüdische Ausschreitungen die Gemeinde dezimierten. 1492 wies Spanien alle Juden aus dem Land. Biegen Sie auf den **Carrer de l'Arc de Sant Ramon del Call**, wo Sie eine auf Metallschildern aufgezeigte Route durch Call Major führt. Am **Carrer de Marlet** erinnert eine Gedenktafel an einen Rabbi, der hier einst ein Spital für Arme gründete. Das **MUHBA** (Historisches Museum; *Placeta de Manuel Ribé*) hat hier eine kleine Außenstelle zur Geschichte der Juden in Barcelona. In die schmalen Gassen, wo sich heute Handwerksläden, Cafés und Bars aneinanderreihen, dringt kaum ein Sonnenstrahl. Für staunende Augen sorgt das Schmuckgeschäft **La Basilica Galeria** mit exzentrischen Stücken wie Kakerlaken-Ketten oder Holz-Handtäschchen *(Carrer de Sant Sever, 7)*.

Carrer del Call • Tel. 932 562 122 • € (s. unter: »clever reisen« S. 55) • geschl. Mo, Di–Fr nachmittags, Feiertage • Metro: Liceu oder Jaume I

STADTVIERTEL-**TOUR**

> **HINTERGRUND**
>
> Die adretten Jungs der Mossos d'Esquadra, der Polizei von Katalonien, tragen Uniformen von Antonio Miró, dem führenden Modedesigner Kataloniens. An besonderen Feiertagen tragen sie *espardenyes*, traditionelle Sandalen mit Bastsohle.

Plaça de Sant Jaume

4 Nach dem verwinkelten Gassenlabyrinth von El Call tut sich überraschend dieser weite, sonnige Platz auf. Er ist das administrative Zentrum der Stadt. Vornehm gekleidete Menschen und noble Staatskarossen rund um den **Palau de la Generalitat**, Sitz der katalanischen Regierung und gut bewacht von der Mossos d'Esquadra, der katalanischen Polizei, geben davon einen lebendigen Eindruck (*Plaça de Sant Jaume, 4, www.gencat.cat, Tel. 934 024 600, geöffnet: 23. April, 11./24. Sep und/oder jedes 2. und 4. Wochenende im Monat, Anmeldung erwünscht*). Auf der gegenüberliegenden Seite des Platzes steht das Rathaus, die **Casa de la Ciutat** (*Plaça de Sant Jaume, 1, Tel 010, geöffnet: Sonntag von 10–13.30 Uhr, ganztägig am 11. Feb und 23. April*). Es ist Sitz des Stadtrats (Ajuntament). Zu römischer Zeit stand hier das Forum. Hinter den neueren Fassaden bergen beide Gebäude gotische Elemente (siehe katalanische Gotik, S. 56–57).

Plaça de Sant Jaume, 4 • Metro: Jaume I

Plaça de Sant Felip Neri

5 Etwas versteckt liegt dieser idyllische, kleine Platz. Während des Spanischen Bürgerkriegs 1938 zündeten faschistische Rebellen hier eine Bombe und töteten 42 Menschen, die meisten von ihnen Kinder. In der fahlen Steinfassade der Kirche Sant Felip Neri zeugen die Einschusslöcher bis heute von dieser Tragödie. Das Schuhmuseum **Museu del Calçat** (siehe S. 142) hat Schuhwerk aus allen Epochen zu bieten – von Schuhen, die der katalanische Cellist Pau Casals einst trug, bis hin zu einem Riesenschuh, einem Modell für die Kolumbusstatue am südlichen Ende der Rambla. Genießen Sie einen Aperitif auf der Terrasse des Boutique-Hotels **Neri Hotel** (*Eingang Carrer de Sant Sever, 5*), einst ein mittelalterlicher Palast.

Plaça de Sant Felip Neri • Metro: Catalunya oder Jaume I

Catedral (La Seu)

6 Genießen Sie das einzigartige Flair auf dem riesigen Vorplatz der Kathedrale der Stadt, wo sich am Wochenende viele Barceloneser unter die Straßenkünstler mischen, um gemeinsam die *sardana* (siehe S. 73) zu tanzen, einen katalanischen Volkstanz. Auf den Stufen hinauf zum Eingangsportal entdecken Sie bauliche Elemente, die im Laufe verschiedener Epochen hinzugefügt wurden. Errichtet wurde die Kathedrale 1298 auf den Ruinen einer ursprünglich romanischen Kirche. Die Nebenkapellen, kunstvoll verziert und ausgeschmückt mit Altargemälden katalanischer Künstler der späten Gotik, sind verschiedenen Heiligen geweiht. Die nahegelegene Capella de Santa Llucia wurde 1268 auf den Ruinen der romanischen Kirche errichtet und mit der Kathedrale verbunden. Wer das aufwendig geschnitzte Chorgestühl oder das Museum besichtigen möchte, kann zwischen 13 und 17 Uhr, €€, ein Touristen-Ticket kaufen. Damit können Sie auch im Fahrstuhl bis auf den begehbaren Dachfirst fahren, über dem sich die imposanten Türme erheben. Im Kreuzgang begrüßt Sie das Geschnatter einer Schar Gänse. Es lohnt sich, hier in der Außenanlage zu verweilen, wo es allerlei schmuckvolle Details zu entdecken gibt.

Plaça de la Seu, 3 • www.catedralbcn.org • Tel. 933 151 554 • Metro: Catalunya oder Urquinaona

MUHBA – Plaça del Rei

7 Siehe S. 54–55.

Plaça del Rei • www.museuhistoria.bcn.cat • Tel. 932 562 100 • €€ • geschl. Mo, 1. Jan, 1. Mai, 24. Juni, 25. Dez • Metro: Jaume I, Liceu oder Catalunya

Besuchen Sie den Kreuzgang mit dem kleinen Teich, wo seit jeher 13 Gänse wohnen. Die als Schutzpatronin von Barcelona verehrte hl. Eulalia soll bei ihrem Tod 13 Gänse besessen haben – daher die Zahl.

STADTVIERTEL-TOUR

Porta del Mar

8 Der Haupteingang in die alte römische Stadt, die Porta del Mar, blieb bis in die 1980er hinter neuen Gebäuden verborgen. Bei Bauarbeiten kamen das »Tor zum Meer« sowie ein Teil der römischen Stadtmauer und ein mittelalterlicher Palast zutage. Vor der Halle sollten Sie die winzige Kapelle aus dem 16. Jh. nicht verpassen. Sie ist dem hl. Christopher geweiht, dem Schutzheiligen der Reisenden. Alljährlich am 10. Juli, am Namenstag des Heiligen, segnet ein Priester hier nach alter Tradition Fahrzeuge. Durch die Fenster des Gebäudes nebenan erhaschen Sie einen Blick auf Reste der alten römischen Thermalbäder. Im 1. Jh. v. Chr. schob sich das Meer landeinwärts bis an die Bäder heran und überspülte sie mit Salzwasser. Wer Lust hat, kann eine geführte Tour durch die Bäderanlagen buchen (Anmeldung erwünscht).

Regomir, 3 and Regomir, 7–9 • Tel. 932 562 122 • www.museuhistoria.bcn.cat • € • Metro: Jaume I oder Liceu

Basílica de la Mercè

9 1765 erbaut, hebt sich die kunstvolle Architektur dieser Basilika ab vom strengen katalanisch-gotischen Baustil der Catedral und der römischen Stätten. Die warmen Nuancen des Marmors sowie die reich vergoldeten Altare wirken fast erdrückend. Doch die Kirche zählt zu den beliebtesten der Stadt. Jedes Jahr zum größten Stadtfest, der Fiesta de la Mercè, finden sich hier lokale Würdenträger zur Heiligen Messe ein, begleitet von *gegants*, *castellers* und allem Pomp und Tand (siehe S. 72–73). Hin und wieder kommt auch die Barceloneser Fußballmannschaft zu einem Dankesgottesdienst nach einem wichtigen Sieg hierher. Die Kuppel, gekrönt mit einer Statue der Jungfrau Maria mit Jesuskind, bildet vom Hafen aus gesehen einen markanten Punkt in der City-Skyline. Dichte Häuserzeilen

> **CLEVER REISEN**
>
> Legen Sie Ihren Städtetrip möglichst so, dass Sie eines von Barcelonas Stadtfesten miterleben. So feiert die Stadt rund um den 24. September die Fiesta La Mercè zu Ehren ihrer Stadtpatronin, der Hl. Jungfrau der Gnade. Rund um den 12. Februar wird die hl. Eulalia geehrt.

Kunstvolle Stuck-Ornamente unterstreichen die barocke Architektur der Basilica de la Mercè.

direkt vor der Kirche mussten in den 1980er-Jahren dem Bau eines Platzes weichen.

Plaça de la Mercè, 1 • Tel. 933 190 190 • Metro: Drassanes

Plaça Reial

Diesen wunderschönen Platz im neoklassischen Stil erbaute Frances Daniel Molina 1848. Zwei der Laternen entwarf Antoni Gaudí 1879 im Alter von 27 Jahren. Sonntags findet auf dem Platz ein Markt für Briefmarken und Münzen statt – authentische Erinnerungen an ein Barcelona früherer Zeiten. Ein bunter Mix aus Bars, Restaurants und Clubs (siehe S. 74–75) ringsum ebenso wie regelmäßige Livekonzerte machen diesen Platz zu einem angesagten Ort.

Plaça Reial • Metro: Liceu oder Drassanes

IM **DETAIL**

MUHBA – Plaça del Rei

Machen Sie einen »Abstieg« in die Stadtgeschichte und entdecken Sie die alten Gemäuer unter dem mittelalterlichen Königspalast.

In diesen Gruben wurde einst römisches Tuch gefärbt und gewaschen.

An der Plaça del Rei, auf römischen Ruinen erbaut, residierten einst die Grafen von Barcelona und Könige von Aragón, die im Palau Reial Major Hof hielten. Heute ist hier das MUHBA untergebracht, das Museu de Historia de Barcelona. Steigen Sie hinab ins Untergeschoss, wo Sie die 2000 Jahre alten Ruinen der Römerstadt sehen können. Zurück im Erdgeschoss führen Exponate in den mittelalterlichen Palastbauten (Palau Real Major), dem Saló del Tinell und der Capella de Santa Àgata, durch die Entwicklungsgeschichte der Stadt.

■ Casa Padellàs

Ihr Museumsbesuch beginnt an der Casa Padellàs, einem mittelalterlichen Palast. Die Casa Padellàs wurde Stein für Stein aus einer benachbarten Straße hierher umgesiedelt. Über den Audioguide erfahren Sie alles über die römischen Statuen und Artefakte des Alltagslebens. Anschließend zeigt ein kleiner Film die Entwicklung der Stadt im Laufe der Jahrhunderte.

■ Ausgrabungsstätte

Mit dem Fahrstuhl geht es tief hinunter zu den römischen Ruinen, wo der Alltag einer römischen Stadt lebendig wird. Leicht erhöhte Fußstege führen über die Ruinen der antiken römischen Kolonie: Colonia Iulia Augusta Paterna Faventia Barcino. Wie auf Informationstafeln zu lesen ist, kontrollierten Wächter von Wachtürmen aus die Stadt. Erleben Sie, wie *garum* hergestellt wurde, eine Delikatesse der antiken römischen Küche aus gesalztem Fisch. Weitere Highlights: Die *fullonica* und *tinctoria*, wo Kleidung gewaschen und getrocknet wurde, und ein Steinchen-Spiel, das einen kleinen Eindruck vom Leben römischer Kinder gibt.

> **CLEVER REISEN**
>
> Tickets für das MUHBA (Historisches Museum von Barcelona) gelten auch für sämtliche seiner Außenstellen wie etwa die Klosteranlage Monestir de Pedralbes samt sehenswerter Kunstsammlung oder das Refugi 307, einen Luftschutzbunker aus der Zeit des Spanischen Bürgerkrieges im Stadtteil Poble Sec.

■ Saló del Tinell

Die Tour führt weiter in den Königlichen Palast, wo die Dimension der Säle vom mächtigen Einfluss der Grafen von Barcelona zeugen. Vom Thronsaal aus, dem Saló del Tinell, herrschten sie über Aragón.

■ Capella de Santa Àgata

Die zierliche Kapelle **Santa Àgata** bildet einen Kontrast zum opulenten Saló del Tinell. Durch die hohen Buntglasfenster fällt sanftes Sonnenlicht. Vor der Kapelle lädt die halbrundförmige Treppe, die hinunter zur Plaça del Rei führt, zum Verweilen ein. Hier soll das Königspaar Ferdinand und Isabella Christopher Kolumbus nach seiner Rückkehr aus der Neuen Welt empfangen haben.

Plaça del Rei • www.museuhistoria.bcn.cat • Tel. 932 562 100 • €€ • geschl. Mo, 1. Jan, 1. Mai, 24. Juni, 25. Dez • Metro: Jaume I, Liceu, Catalunya

TYPISCH **BARCELONA**

Katalanische Gotik

Die gotische Bewegung, die im 13. Jh. in Frankreich begann, war das wichtigste identitätsstiftende Moment der katalanischen Architektur. Durch die Expansion Kataloniens reich geworden, gab der Kaufmannsstand viel Geld für den Bau neuer Gebäude im gotischem Stil. Einfach, robust und wohl proportioniert, nahm die katalanische Gotik Einflüsse aus dem Norden auf und prägte das Bild, das dem ältesten Teil der Stadt seinen Namen gab, des Barri Gótic.

BARRI GÓTIC

Die mittelalterlichen Gebäude des Palau Reial (oben) enthalten Prunkstücke der katalanischen Gotik wie den Saló del Tinell und das Casa Padellás. Ganz im Stil der katalanischen Gotik ist der Eingang zur Kirche Santa Maria del Mar (rechts) umrahmt von einem breiten Spitzbogen.

Die gotische Architektur entwickelte sich mit dem kaufmännischen Reichtum zur Blütezeit der katalanischen Kultur, wo Troubadoure, Poeten, Maler und Baumeister die Stadt bereicherten.

Typisierende Merkmale

Zu den klassischen Stilelementen der gotischen Architektur gehören Spitzbogen, welche die romanischen Rundbogen ablösten. In Barcelona jedoch erfuhr dieses Element eine Verfeinerung in Form von verbreiterten Bogenformen.

Ein anderes Stilelement, das aus dem Norden kam, waren Strebebogen, steinerne Stützpfeiler, die hoch aufragende Bauteile abstützten, damit sie noch höher gen Himmel ragen konnten. Barcelonas Baumeister jedoch legten mehr Wert auf Breite als auf Höhe, um so klar proportionierte Innenräume zu schaffen. Die fehlende Höhe aber nahm den Platz für Fenster im oberen Teil der Gebäude, und so wurde an der Westfassade häufig ein großes Rosettenfenster eingebaut, wie das in der Kirche **Santa Maria del Pi** (siehe S. 49, 57).

Die in der gotischen Architektur zumeist runden Pfeiler und Türme stehen in harmonischem Einklang mit den klaren Linien von sechs- und achteckigen Pfeilern zusammen – so wie im Kirchenschiff von **Santa Maria del Mar**.

Profanbauten

In weltlichen Gebäuden fand der gotische Stil mit dem **Saló del Tinell** (siehe S. 55), dem königlichen Thronsaal, einen Höhepunkt. Auch in anderen kommunalen Bauten, im Rathaus oder der Börse (La Llotja), setzte sich die katalanische Gotik durch. Geldgeber waren reiche Kaufmänner. Sie bauten auch eigene Wohnpaläste mit kunstvoll gestalteten Fenstern, die bis heute zu sehen sind, vor allem am **Carrer de Montcada**.

GOTISCHE **KIRCHEN**

Basílica dels Sants Màrtirs Just i Pastor Ein einfacher Innenraum aus einem einzigen Hauptschiff mit einer vieleckigen Altarnische. Über dem Portal sehen Sie Skulpturen von Märtyrern. **Plaça de Sant Just, 6, www.basilicasantjust.cat**

Santa Anna Etwas versteckt steht diese vom Templerorden gegründete Kirche mit ihrem zweistöckigen Kreuzgang. Santa Anna, 29

Santa Maria del Pi Sehenswert sind die mittelalterlichen Buntglasfenster. In der Krypta finden regelmäßig Vorträge statt. **Plaça del Pi, www.basilicadelpi.com**

BEST **OF**

Plätze & öffentliche Räume

Überall auf öffentlichen Plätzen, den *plaças*, wie sie auf Katalanisch heißen (spanisch: *plazas*), kommen Menschen zusammen, um zu plaudern, zu sehen und gesehen zu werden. Und Barcelona hat viele Plätze zu bieten, große ebenso wie kleine Nischen im urbanen Dickicht mit einer schattigen Bank zum Verweilen.

BARRI GÒTIC

■ Plaça de Sant Felip Neri
Versteckt in den verwinkelten Gassen im Gotischen Viertel tut sich dieser idyllische Platz auf (siehe S. 50). Aus einem Geschäft mit handgemachten Naturseifen wehen betörende Düfte. Sehenswert sind die barocke Kirche **Sant Felip Neri**, ein Schuhmuseum und das Café, das im Woody-Allen-Film *Vicky Cristina Barcelona* vorkommt.

Metro: Liceu oder Jaume I

■ Plaça Sant Just
In einer Ecke des Platzes befindet sich eine der ältesten Kirchen Barcelonas, die **Basílica dels Sant Màrtirs Just**

Auf der Plaça Sant Felip Neri sind Autos verboten. Erkunden Sie das Viertel am besten per Rad.

i Pastor (siehe S. 57). Die Figur am Brunnen auf dem Platz zeigt den hl. Justus. Im Sommer stellen die Lokale ringsum hier Tische auf, um ihre Gäste zu bewirten. Anfang November, zu Allerheiligen, gibt es eine *castanyada*-Party (Kastanien-Party) mit Röstkastanien und süßem Muskatwein. Im Palau Moxó, einem typisch katalanischen Wohnpalast, befindet sich bis heute ein traditionsreiches Lebensmittelgeschäft.

Metro: Jaume I

■ Arc de Triomf & Passeig Lluís Companys

Im Altstadtviertel La Ribera bietet der Triumphbogen (Arc de Triomf) mit der breiten Allee, die auf den **Parc de la Ciutadella** zuläuft (siehe S. 34, 100–101), viel Platz für Veranstaltungen. Der im Mudéjar-Stil erbaute Bogen wurde vom *modernista*-Architekten Josep Vilaseca als Haupteingangstor zur Weltausstellung 1888 entworfen. Werfen Sie auf dem Weg über die Allee einen Blick auf den riesigen **Palau de Justícia** und die Laternen von Pere Falqués, der auch die Sitzbänke auf dem **Passeig de Gracia** entworfen hat. An Wochenenden sind hier viele Spaziergänger unterwegs.

Metro: Arc de Triomf

■ La Torre de les Aigües

In ganz Eixample sind die Häuserblocks um einen großen Innenhof herum angelegt. La Torre de les Aigües war in den 1980ern der erste Block, der seinen Innenhof der Öffentlichkeit zugänglich machte (siehe S. 141). Hier befindet sich auch ein flacher Pool, wo Kinder im Sommer planschen. Der Pool befindet sich am Fuße des mächtigen Wasserturms von Eixample.

Roger de Llúria, 56 • Öffnungszeiten Pool: Ende Juni bis Anfang Sep • Metro: Passeig de Gràcia oder Girona

■ Parc de Joan Miró

Der Parc de Joan Miró (siehe S. 141) am Fuße des Montjuïc wurde 1983 der erste neue urbane Raum in Barcelona. Dort, wo sich heute Pinien, Palmen, Bougainvilleas und Oleander, Spielplätze und eine Bibliothek befinden, stand einmal der Schlachthof, weshalb der Park auch Parc de l'Escorxador (Schlachthof) heißt. Seine Fläche entspricht der von vier Häuserblocks und erstreckt sich über mehrere Ebenen. Sehenswert: Die bunte, 21 m hohe Keramikfigur »**Dona i Ocell**« (»Frau und Vogel«) von Joan Miró.

Metro: Espanya oder Tarragona

LA RAMBLA & EL RAVAL

La Rambla & El Raval

Ein Bummel über die Rambla ist Trubel pur, rund um die Uhr: Blumenhändler, lebende Statuen, elegante Operngänger, lärmende Nachtschwärmer. Die bunte Flaniermeile ist 1,3 Kilometer lang und reicht von der Plaça Catalunya bis zum Hafen. Sie trennt das Viertel El Raval vom Barri Gòtic. Dass El Raval im Wandel begriffen ist, ist in den engen Gassen des Viertels unübersehbar. Einst für seine Klöster und Kirchen bekannt, war es im 20. Jh. berüchtigt für Bordelle und nicht zuletzt wegen seiner dichten Besiedelung ein sozialer Brennpunkt der Stadt. Dank ehrgeiziger Sanierungsprogramme ist Raval heute ein multikulturelles Viertel mit Hochschulinstituten, Kulturzentren und hippen Boutiquen, ein Wohnviertel für Familien und Künstler.

62 **Stadtviertel-Tour**

70 **Im Detail: Palau Güell**

72 **Typisch Barcelona: Katalanische Kultur**

74 **Best of: Nachtleben**

○ **Farbenreiche Blumenstände sind nur eine von vielen Attraktionen auf der Rambla.**

STADTVIERTEL-TOUR

La Rambla & El Raval

Tauchen Sie ein in die lebendige La Rambla und die beschaulichen Gassen von El Raval im Herzen der Altstadt.

❶ Centre de Cultura Contemporània de Barcelona (CCCB) (siehe S. 65)
Das ehemalige Hospiz dient heute als Ausstellungs- und Veranstaltungszentrum für urbane Themen. Durch den Innenhof kommen Sie am MACBA vorbei und folgen dem C. dels Àngels bis zum C. del Carme.

❷ Museu d'Art Contemporani de Barcelona (MACBA) (siehe S. 64)
Das MACBA, das Museum für zeitgenössische Kunst, das von Richard Meier entworfen und 1995 eröffnet wurde, dominiert die Plaça dels Àngels. Von hier geht es nach links in den Carrer de Montalegre, zum CCCB.

❹ Antic Hospital de la Santa Creu (siehe S. 66)
Ein überwölbter Eingang führt Sie in diesen mittelalterlichen Krankenhauskomplex mit seinem wunderschönen Garten im Innenhof. Über den C. del Carme kehren Sie zurück auf die Rambla.

❺ Palau de la Virreina (siehe S. 66)
Der Infoschalter in diesem Palast bietet stets aktuelle Hinweise. Folgen Sie La Rambla bis La Boqueria.

❶ Font de les Canaletes (siehe S. 64)
Dieser Brunnen am oberen Ende der Rambla ist ein beliebter Treffpunkt. An der Apotheke Nadal, einem Gebäude im *modernista*-Stil, biegen Sie nach rechts und erreichen das Kloster Convent del Àngels (16. Jh.) am Ende des Carrer d'Elisabets.

🔟 Rambla del Raval (siehe S. 69) Diese Promenade wurde im Zuge der Stadtviertel-Sanierung geschaffen. Hier können Sie wunderbar im Freien speisen und Straßenkünstlern zusehen.

9 Sant Pau del Camp (siehe S. 68) Inmitten der multikulturellen Vielfalt von Raval, umgeben von Spätkauf-Supermärkten und trendigen Bars, bietet diese Kirche einen Ort der Ruhe. Gleich um die Ecke öffnet sich die neu angelegte, Palmen gesäumte Rambla del Raval.

8 Palau Güell (siehe S. 70–71) Das Stadtpalais, das Gaudí 1885 entwarf, überragt die Geschäfte und Wohnhäuser ringsum. Zurück auf der Rambla biegen Sie am Liceu nach links und folgen dem Carrer de Sant Pau bis ans Ende.

6 Mercat de la Boqueria (siehe S. 67) Unbedingt probieren: Einen leckeren Snack an einem der vielen Stände in diesem größten Markt der Stadt. Danach geht es weiter die »Blumen-Rambla« hinunter, wie dieser Abschnitt heißt.

7 Gran Teatre del Liceu (siehe S. 68) Hier wandert Ihr Blick zuerst nach unten, zum Bodenmosaik von Joan Miró, und dann nach oben zum eleganten Entree des altehrwürdigen Opernhauses. Am Hotel Husa Oriente geht es nach rechts auf die Nou de La Rambla.

LA RAMBLA & EL RAVAL

**LA RAMBLA & EL RAVAL   STRECKE: 2,5 KM
DAUER: ETWA 8 STD.   START: METRO CATALUNYA**

STADTVIERTEL-TOUR | 63

STADTVIERTEL-**TOUR**

> **CLEVER REISEN**
>
> Taschendiebe gehören zu den weniger schöneren Seiten der Rambla. Bleiben Sie also wachsam und halten Sie Ihre Wertsachen immer dicht bei sich. Einen weiten Bogen sollten Sie auch um »Hütchenspieler« machen, die sogenannten *traileros* – das Spiel sieht leicht aus, aber gewinnen werden Sie garantiert nie!

Font de les Canaletes

❶ Der erste Abschnitt der Rambla heißt Rambla de Canaletes, benannt nach einem Trinkbrunnen aus dem 19. Jh. Wer aus diesem Brunnen trinkt, so heißt es, kehrt stets zurück nach Barcelona. Fans des FC Barça feiern hier traditionell die Siege ihrer Mannschaft, kommen aus allen Teilen der Stadt zusammen, skandieren ihre Gesänge und zünden Leuchtraketen. Zusätzlich zu den üblichen Trinkhähnen ist weiter unten noch extra einer für durstige Hunde angebracht.

Rambla de Canaletes • Metro: Catalunya

Museu d'Art Contemporani de Barcelona (MACBA)

❷ Neben dem Centre de Cultura Contemporània de Barcelona (CCCB) wurde auch das Museum für Zeitgenössische Kunst im Zuge umfassender Sanierungsprogramme durch eine weitsichtige Kommunalverwaltung in den 1980ern eingerichtet. Die Sammlung enthält Werke von spanischen und internationalen Künstlern der Nachkriegsjahre bis heute, insbesondere aber katalanische Exponate wie jene der Künstlergruppe Dau al Set, die von dem Dichter Joan Brossa 1948 in Barcelona gegründet wurde. Ein voller Veranstaltungskalender bietet wechselnde Ausstellungen ebenso wie Vorträge. Eine weitere Attraktion ist die Fassade des Gebäudes in Reinweiß, dem Markenzeichen des berühmten amerikanischen Architekten Richard Meier. Der Vorplatz des Museums ist ein beliebter Treffpunkt, ob für Skater, Hobbykicker oder Straßenmusiker. Hin und wieder ist das MACBA bis Mitternacht geöffnet, vor allem in den Sommernächten, den Nits d'Estiu. Der Museumskalender gibt Auskunft darüber.

Plaça dels Àngels, 1 • www.macba.cat • Tel. 934 120 810 • €€ • geschl. Di, 1. Jan, 25. Dez • Metro: Catalunya oder Universitat

Centre de Cultura Contemporània de Barcelona (CCCB)

❸ Erleben Sie hier ein gänzlich neues Konzept mit einem vielseitigen Programm – wechselnde Ausstellungen, Tanztheater, Seminare, Festivals, Filme und Vorträge zu unterschiedlichsten Themen der Stadtentwicklung. Das Gebäude selbst ruft Ehrfurcht hervor; aus der einstigen Casa de la Carita (Armenhaus) wurde ein modernes Kulturzentrum des 21. Jh. mit großen Räumen und Ausstellungsflächen. Architektonisch zeigt das Gebäude eine gelungene Demonstration aus Alt und Neu, schön zu sehen im Innenhof, der von einer originalen Fassade und einer modernen Glasfassade begrenzt wird, an der ein Aufzug hinauf zu einem Aussichtspunkt fährt. Die Terrasse der C3Bar (siehe S. 124) geht auf einen Platz hinter dem CCCB, auf dessen gegenüberliegender Seite sich das MUCBA und die Ramon-Llull-Universität befinden.

Montalegre, 5 • www.cccb.org • Tel. 933 064 100 • € • geschl. Mo, 1. Jan, 24./25. und 31. Dez • Metro: Catalunya oder Universitat

Kulturzentren wie das MACBA brachten neues Leben nach El Raval.

STADTVIERTEL-**TOUR**

GUT **ESSEN**

■ CAFÉ DE L'OPERA
Mischen Sie sich unter die Opernbesucher und genießen Sie einen frühabendlichen Drink. Große Spiegel verleihen diesem Café einen Hauch von Fin-de-Siècle-Nostalgie. **La Rambla, 74, Tel. 933 177 585, €**

■ CASA LEOPOLDO
Ein traditionelles Fischrestaurant mit gekachelten Wänden, seit über 80 Jahren und drei Generationen in Familienhand. **Sant Rafael, 24, Tel. 934 413 014, €€€€**

■ KASPARO
Das Terrassencafé unter hohen Arkaden an einem lauschigen Platz unweit der Rambla serviert fantasievolle Sandwiches, Salate und kreative Tagesgerichte. **Plaça Vicenç Martorell, 4, Tel. 933 022 072, €€**

Antic Hospital de la Santa Creu

4 Der Bau des Krankenhauses begann 1401. Es war jahrhundertelang in Betrieb. Hier verstarb Gaudí, nachdem er 1926 von einer Straßenbahn erfasst worden war (siehe S. 137). Heute beherbergt der Komplex etliche Institutionen, darunter die **Massana School** (ein Kunst-Institut) und die **Biblioteca Nacional de Catalunya** (Nationalbibliothek). Im ältesten Trakt rechts des Carrer del Carme ist das **Institut d'Estudis Catalans** (Institut für katalanische Studien) untergebracht. Die Öffentlichkeit hat normalerweise keinen Zutritt, aber linsen Sie hinein, um die glasierten Schmuckfliesen und Säulengänge zu bewundern. Gegenüber befindet sich die **Reial Acadèmia de Medicina** (eine medizinische Fakultät), wo man mittwochvormittags den Seziersaal besichtigen kann. Im Mai blühen im stillen Klostergarten die Jacaranda-Sträucher – herrlich!

C. del Carme, 47 oder Hospital, 56 • geschl. So • Metro: Catalunya oder Liceu

Palau de la Virreina

5 Spaniens Vizekönig von Peru gab den Bau dieses Barockpalasts anlässlich seiner Rückkehr nach Barcelona Ende des 18. Jh. in Auftrag. Doch er verstarb kurz nach Fertigstellung, und so lebte seine Witwe fortan alleine hier, weshalb man den Palast in Palau de la Virreina umbenannte (Palast der Vizekönigin). Auf Plakaten zu Fotoausstellungen oder ähnlichen Veranstaltungen, die in den noblen Räumlichkeiten stattfinden, ist die elegante Palastfassade oft zu sehen. Infos über aktuelle Veranstaltungen gibt es im **Institut de Cultura de Barcelona**.

La Rambla, 99 • www.lavirreina.bcn.cat • Tel. 933 161 00 • geschl. Mo, 1. Jan, 1. Mai, 25./26. Dez • Metro: Liceu

Mercat de la Boqueria

6 Ein Muss für die kleine Pause zwischendurch ist dieser größte und spektakulärste aller Märkte der Stadt (siehe S. 30). Seine Geschichte reicht Jahrhunderte zurück. Der Markt steht heute auf einem Klostergrundstück, daher auch der offizielle Name Mercat de Sant Josep. An den Ständen türmen sich Gemüse, Früchte, Pilze und Nüsse, und im kreisförmigen Bereich in der Mitte liegen fangfrische Fische auf Bergen von Eis. Die Fleischstände bieten ein dramatisches Bild, denn jedes einzelne Teil einer Karkasse hängt hier zur Schau. Bars mit frischen Snacks lohnen jederzeit eine kleine Pause.

La Rambla, 99 • www.boqueria.info • Tel. 933 182 584 • geschl. So, Feiertage • Metro: Liceu

CLEVER **REISEN**

Zwar ist der Markt auch montags geöffnet, aber von Dienstag bis Samstag gibt es das beste Angebot. Ergattern Sie um die Mittagszeit einen Barhocker und genießen Sie fangfrischen Fisch!

Krabben zuhauf – frisch und gekocht, klein und groß

STADTVIERTEL-**TOUR**

Gran Teatre del Liceu

7 Gegründet 1847, hat dieses elegante Opernhaus eine bewegte Geschichte. Es hat zwei Feuer überstanden sowie einen anarchistischen Bombenanschlag 1893, bei dem 20 Menschen starben. Nach einem verheerenden Feuer 1994 zog man alle Kräfte zusammen, um diesen beliebten Opern-Phoenix buchstäblich aus der Asche zu heben. 1999 wurde das Liceu wiedereröffnet, originalgetreu rekonstruiert, aber mit neuester Technik ausgestattet, wie es sich für ein Opernhaus von Welt geziemt: Die Bühnenvorhänge hat der bekannte katalanische Designer Toni Miró entworfen, die Deckenmalereien stammen von Perejaume. Josep Carreras gab als Elfjähriger hier sein Debüt, und die Sopranistin Montserrat Caballé feierte hier ihr 50-jähriges Bühnenjubiläum. Zu den neueren Produktionen zählen avantgardistische Opern und hochkarätige Ballettaufführungen.

La Rambla, 51–59 • www.liceubarcelona.cat • Tel. 934 859 900 • Besichtigungen: €€€ • Metro: Liceu

Palau Güell

8 Siehe S. 70–71.

Nou de Rambla, 3–5 • www.palauguell.cat • Tel. 934 725 775 • €€€ • geschl. Mo, 1. Jan und 6.–13. Jan, 25./26. Dez • Metro: Liceu oder Drassanes

Sant Pau del Camp

9 Der Name dieser mittelalterlichen Kirche bedeutet »hl. Paulus auf dem Felde«, da sie einst abseits der Stadt auf freiem Feld errichtet wurde. Heute ist sie eine Oase der Ruhe. Als eine der ältesten Kirchen der Stadt enthält sie den Grabstein des Grafen von Barcelona aus dem 10. Jh. Kirche und Kreuzgänge sind die einzigen Überreste des einst großen Benediktinerklosters und herausragende Beispiele romanischer Architektur. Die einfachen Linien, naiven Skulpturen und die Tatsache, dass die Kirche außerhalb der üblichen Touristenpfade liegt, machen diesen Ort besonders reizvoll.

Sant Pau, 101 • Tel. 934 410 001 • Metro: Paral·lel

Rambla del Raval

(10) Nicht zu verwechseln mit der weltberühmten Rambla im Zentrum der Stadt. Die Rambla del Raval nämlich wurde erst 2000 eingeweiht. Sie hat ein gänzlich anderes Flair, ist multikulturell und dynamisch. Zwei dunkle, dicht besiedelte Straßenzüge mussten einer großzügigen Flaniermeile weichen, wodurch nicht nur mehr Licht, sondern auch mehr Besucher ins Viertel kamen. Auf der Dachterrasse eines elfstöckigen Luxushotels lässt es sich herrlich Cocktails schlürfen, Rundblick über die Stadt inklusive. Nicht weit entfernt findet sich die neu eröffnete Filmoteca de Catalunya, das Katalanische Filmtheater. Am Ende der Rambla steht eine Skulptur des kolumbianischen Bildhauers Fernando Botero: eine große, fette Katze und ein riesiger Kletterspaß für Kinder! Am Wochenende findet hier ein Vintage-Markt statt. Ein marokkanischer Stand verkauft neben *babouches* (orientalische Sandaletten) auch Pfefferminztee. Obendrein gibt es hier reichlich zu schlemmen.

Zwischen Sant Pau und Hospital • Metro: Liceu oder Paral·lel

Sant Pau del Camp, eine der ältesten Kirchen der Stadt, bietet im lebhaften Viertel El Raval eine Oase friedvoller Ruhe.

IM **DETAIL**

Palau Güell

Dieses Meisterwerk von Gaudí, erbaut zwischen 1885 und 1890, zeigt in jedem Detail seine einzigartige Handschrift, vom Keller bis zum Dach.

Der zentrale Salon öffnet sich weit nach oben zur Gewölbekuppel.

Der Palau Güell weist viele Merkmale auf, die für Gaudís Werke so typisch sind. Eine Führung durch das Haus wird Ihnen eindrücklich zeigen, wie Gaudí seine fantasiereichen Ideen mit pragmatischen Lösungen verband. Starten Sie unten im Keller, in den Stallungen mit zwei Rampen: eine für Pferde und Kutschen und eine spiralförmige für die Menschen. Über die gelangen Sie in die Privaträume der Familie, ausgekleidet mit dekorativen Wandpaneelen, wohinter sich bereits moderne Heiz- und Lüftungsschächte verbargen.

■ EINGANG UND STALLUNGEN

Gaudí entwarf ein Haus, das in einem unattraktiven Viertel von außen recht unauffällig erschien. Doch hinter der Fassade aus Stein und schwerem Eisen verbirgt sich ein luxuriöses Heim. Von außen kann niemand hineinspähen, von innen aber sehr wohl hinaus – dank Gaudís genialem schmiedeeisernen Design. Beginnen Sie die Führung im Eingangsbereich, den Gaudí mit Holz pflasterte, um das Hufgeklapper der Pferde zu dämpfen. Über eine spiralförmige Rampe gelangten Pferde samt Kutschen direkt in die Stallungen im Untergeschoss. Wenn Sie die Treppe hinuntergehen, beachten Sie die wunderschönen Mauerarbeiten an den Säulen. Dann geht es wieder hinauf in die privaten Wohnräume mit Holzschnitzereien und Marmorarbeiten.

■ WOHNBEREICH & SCHLAFRÄUME

Der Hauptwohnbereich besteht aus mehreren Räumen. Sie sind allesamt um einen zentralen Salon angeordnet, dessen lichte Höhe bis unter das kuppelförmige Dach reicht. Das Dach ist mit kleinen Lichtkuppeln gespickt, die das Haus mit Licht durchfluten und durch die Buntglasfenster ein wunderschönes Farbspiel geben. Von den Schlafzimmerfenstern blickt man in den zentralen Salon.

■ DACHGESCHOSS UND DACHTERRASSE

Über eine Treppe geht es hinauf ins Dachgeschoss, wo die Bediensteten wohnten. Treten Sie hinaus auf die spektakuläre Dachterrasse mit Panoramablick. Eine fantastische Szenerie bilden die 20 markanten, für Gaudí so typisch farbenfrohen und mit Keramikscherbenmosaiken *(trencadís)* verzierten Schornsteine. Jeder einzelne bildet eine verschnörkelte Figur, und mittendrin ein hoher Turm, der die mittlere Öffnung des zentralen Salons bedeckt.

HINTERGRUND

Palau Güell und Park Güell (siehe S. 131–133) sind nach Eusebi Güell benannt, einem der ersten Mäzene Gaudís. Güell wurde auf der Pariser Weltausstellung 1878 auf Gaudí aufmerksam. Beeindruckt von seinen Werken, beauftragte er Gaudí, ihm einen Wohnpalast zu bauen: Palau Güell. Beide pflegten enge freundschaftliche und geschäftliche Bande. Künstlerisch hatte Gaudí freie Hand und entwickelte seinen unverwechselbaren Stil.

Nou de la Rambla, 3–5, www.palauguell.cat • Tel. 934 725 775 • €€€ • geschl. Mo, 1. Jan und 6.–13. Jan • 25./26. Dez • Metro: Liceu oder Drassanes

TYPISCH **BARCELONA**

Katalanische Kultur

Die katalanische Kultur findet ihren unverwechselbaren Ausdruck in vier Provinzen – Girona, Lleida, Tarragona und Barcelona. Hauptstadt Kataloniens ist Barcelona. Die Katalanen sind stolz darauf, anders zu sein; sie haben ihre eigene Sprache und Flagge sowie eigene Traditionen und Feste. Nach fast 40 Jahren der Unterdrückung während der Franco-Diktatur erlebt die katalanische Kultur seit dem Tod des Diktators 1975 eine Renaissance.

Die *castells* sollten Sie nicht verpassen. Die Mannschaften formen zunächst ein tragfähiges Fundament. Die Spitze des Turms bildet ein kleines Kind, *enxaneta* genannt. Gegenüber: Beim Stadtfest La Mercè ziehen riesige Figuren durch die Stadt.

Seny i Rauxa

Zwei Eigenschaften prägen die katalanische Volksseele – *seny* (Sinn und Verstand) und *rauxa* (Kreativität). Sie bringen so unverwechselbare katalanische Ideen hervor wie die *modernista*-Architektur. Gaudí und seine Zeitgenossen kombinierten Kreativität mit einem praktischen Verständnis des modernen Lebens, um Gebäude zu schaffen, die neuartig und bereits mit modernen Heizungs- und Lüftungssystemen ausgestattet waren.

Feste

Der gleiche Funken sprühende Geist befeuert die vielen Feste in jeder Region. Katalanen haben zwar eine hohe Arbeitsmoral, doch sie wissen auch grandios zu feiern. Jedes Jahr im September steppt in Barcelona eine Woche lang der Bär, wenn die Stadt ihre größte Fiesta feiert, La Mercè. Dann ziehen riesige Pappmaché-Figuren *(gegants)* von Königen, Königinnen und Fischweibern neben kleineren Figuren *(capgrossos)* durch die Straßen. Laut und ausgelassen tanzen sie auf der Plaça de

Sant Jaume (siehe S. 50), mischen sich unter Teufelswesen *(diables)*. Traditionelle Menschentürme wachsen in schwindelerregende Höhen, auf den Plätzen spielt Musik bis in die frühen Morgenstunden, bis die schlaflose Nacht mit der Correfoc ihren lärmenden Höhepunkt findet: Feuer speiende Drachen, begleitet von ebenso wilden Teufelsungeheuern und Trommlern, ziehen durch die Straßen, zünden Feuerwerke und Knallkörper.

Sant Jordi

Sant Jordi (hl. Georg), der Schutzpatron Kataloniens, wird am 23. April mit viel Ernst und Emotion gefeiert. Der Legende zufolge tötete Sant Jordi den Drachen, aus dessen Blut eine rote Rose wuchs. So schenken die Männer ihrer Liebsten an diesem Tag eine rote Rose. Die Männer erhalten im Gegenzug ein Buch, denn es ist auch der Sterbetag von Shakespeare und Cervantes. Stolze Katalanen drängen auf die Rambla (siehe S. 60–69), die an diesem Tag aus nichts als Bücher- und Rosenverkäufern zu bestehen scheint.

La Sardana

La sardana heißt der katalanische Volkstanz. Er wurde zum Symbol nationaler Einheit und wird in ganz Katalonien, vor allem aber jedes Wochenende auf dem Vorplatz der Kathedrale (siehe S. 51) in Barcelona getanzt. Die Tänzer bilden einen großen Kreis, fassen sich an den Händen, während sie gleichzeitig die Arme nach oben führen. Die kleinen, komplizierten Schritte sind schwierig zu tanzen, dafür umso schöner anzusehen.

BEST OF

Nachtleben

Barcelonas Nachtleben zieht Besucher aus aller Welt an. Die meisten Restaurants haben bis in die frühen Morgenstunden geöffnet, denn das Abendessen erfolgt erst zu später Stunde. Sie haben die Wahl: Von Bodegas bis zu schicken Clubs, von exklusiven Restaurants bis zu einfachen Strandbars ist alles vertreten.

LA RAMBLA & EL RAVAL

■ BOADAS

Die winzige Cocktail-Bar Ecke La Rambla/C. dels Tallers ist eine Legende. In den 1930ern von Miquel Boadas eröffnet, sind die Barhocker und die mit unzähligen Fotos und Bildern behangenen, holzvertäfelten Wände bis heute im Original erhalten. Unbedingt probieren: Mojitos!

Tallers, 1 • Tel. 933 189 592 • geschl. So • Metro: Catalunya

■ PLAÇA REIAL

Vom frühen Abend bis zum frühen Morgen ist auf dem majestätischen Platz im Barri Gòtic ordentlich was los. Beginnen Sie den Abend bei einem Bier im **Glacier** (Nr. 3, 933 021 163) oder bei einem Cocktail im Hotel **DO: Plaça Reial** (Nr. 1, 934 813 666). Später lauschen Sie Jazzklängen im **Jamboree** (Nr. 17, 933 191 789), oder genehmigen Sie sich eine *última copa*, einen Absacker, im **Ocana** (Nr. 13–15, Tel. 936 764 814) – ein echt hipper Laden!

■ XIRINGUITOS

Im Hafenviertel von Barceloneta bis Diagonal Mar reihen sich die Strandbars, *xiringuitos*, aneinander. Viele haben rund um die Uhr geöffnet. Die Bars um das Hotel **W** herum sind vielleicht etwas schicker, dazwischen aber finden sich jede Menge flippiger Kneipen.

■ HOTEL CASA FUSTER

Am oberen Ende des Passeig de Gràcia geht es nobler zu. Entdecken Sie den Zauber von Barcelonas Dachterrassen, indem Sie zum Beispiel die Rooftop-Bar dieses Fünfsterne-Hotels besuchen. Das Hotel befindet sich im ehemals prachtvollsten Privatpalais der Stadt, entworfen vom *modernista*-Architekten Domènech i Montaner.

Passeig de Gràcia, 132 • Tel. 932 553 000 • Metro: Diagonal

Die Laternen auf dem Plaça Reial hat Gaudí entworfen.

■ Sala Razzmatazz

Unweit der Sagrada Família, an der Grenze zum hochmodernen Business-Viertel von Poble Nou, liegt dieser Club. Auf insgesamt fünf Ebenen spielen DJs, und es gibt Livemusik nationaler und internationaler Bands. Jeden Abend ist ein anderes Programm geboten.

Pamplona, 88 • Tel. 933 208 200 • geschl. So–Di • Metro: Marina oder Bogatell

■ Montjuïc Font Màgica

Bei Familien besonders beliebt: Das große Lichtspektakel des Magischen Brunnens vor der Kulisse des Palau Nacional verzaubert allabendlich die Massen. Farbig beleuchtete Fontänen schießen im Takt zu musikalischen Klängen auf und ab.

Plaça Carles Buïgas • Sommer: Do–So, 9–11.30 Uhr; Winter: Do–Fr, 7–9 Uhr • Metro: Espanya

■ Poble Espanyol

Ein Stück den Montjuïc hinauf liegt **Poble Espanyol**, das »Spanische Dorf« mit typischen Restaurants und Bars. **El Tablao de Carmen** *(Tel. 933 256 895)* bringt einen Hauch von Andalusien nach Barcelona. Oder tanzen Sie im Club **La Terrazza** *(Tel. 932 724 980)*, der in den Sommermonaten bis frühmorgens geöffnet hat, unter freiem Himmel durch die Nacht.

AM HAFEN

Mediterranean Sea

Am Hafen

Tauchen Sie ein in die maritime Vergangenheit dieses Mittelmeerhafens und genießen Sie alles, was er zu bieten hat. Unlängst zur weltbesten Strandstadt erkoren, entstand Barcelonas 4,8 Kilometer langer Strandstreifen erst, nachdem ein Industriegebiet für die Sommerolympiade 1992 planiert worden war. Bahnstrecken wurden verlegt und am Kai gelegene Gebäude abgerissen, was den Blick auf Meer und Hafen freigab und das Gebiet zu einem integralen Teil der Stadt machte. Heute strömen Touristen wie Einheimische in Scharen an die neuen Strände, um die frische Luft und das Meer zu genießen. Neben Bootstouren und Stränden bietet der Hafen das ganze Jahr hindurch viele Attraktionen – vom spannenden Aquarium bis hin zu mondänen Restaurants und Bars.

78 **Stadtviertel-Tour**

86 **Im Detail: Museu Marítim de Barcelona**

88 **Typisch Barcelona: Feste**

90 **Best of: Strände**

◐ **Barcelonas Hafen verfügt über breite Spazierwege, die zum Verweilen am Meer einladen.**

AN DER WATERFRONT

BARCELONAS STADTVIERTEL | **77**

STADTVIERTEL-**TOUR**

Am Hafen

Machen Sie eine Hafenrundfahrt, steigen Sie in die Seilbahn oder fahren Sie auf das Kolumbusdenkmal, um eine spektakuläre Aussicht zu genießen.

❷ **L'Aquàrium** (siehe S. 81)
Die am zweithäufigsten besuchte Attraktion nach der Sagrada Família. Wieder unten am Wasser genießen Sie Ihren Kaffee direkt am Kai, wo die kleinen Boote schaukeln. Danach bummeln Sie durch das Shoppingcenter bis zur Rambla de Mar.

❶ **Museu d'Història de Catalunya** (siehe S. 80–81) Untergebracht in einem ehemaligen Speichergebäude, lässt dieses Museum die katalanische Geschichte lebendig werden. Danach steuern Sie Richtung Hafen und halten sich rechts. Gehen Sie zunächst am Ufer entlang, dann über die Promenade hinauf zum Shoppingcenter Maremagnum.

❸ **Golondrinas** (siehe S. 82)
Genießen Sie eine erfrischende Hafenrundfahrt in einem der traditionellen Ausflugsboote. Mit Frontsicht auf das Kolumbusdenkmal (Mirador de Colom) kehren Sie zurück zum Kai. Überqueren Sie den wuseligen Verkehrskreisel, um hinüber zum Denkmal zu kommen.

❹ **Mirador de Colom** (siehe S. 83) Nehmen Sie den Aufzug am Fuß des 60 m Kolumbusdenkmals und genießen Sie den Blick von oben. Überqueren Sie die Straße Richtung La Rambla und folgen Sie der Avinguda de les Drassanes zum Museu Marítim de Barcelona.

❻ **Transbordador Aeri** (siehe S. 84) Hinter der Seilbahn-Talstation am Kai ragt die Torre de Jaume I empor. Er dient als Zwischenstation der Seilbahnstrecke, die Barceloneta mit dem Montjuïc verbindet. Gehen Sie auf der Promenade nordwärts in Richtung der Zwillingstürme im Olympiadorf Vila Olímpica.

**AM HAFEN STRECKE: 3,8 KM DAUER: CA. 7 STD.
START: METRO BARCELONETA**

❺ Museu Marítim de Barcelona (siehe S. 86–87) Im großartigen Ambiente alter Schiffe und Werften wird die lange Seefahrtgeschichte Kataloniens lebendig. Der Museumsgarten bietet ein schattiges Plätzchen für einen kühlen Drink. Auf der gegenüberliegenden Seite des Passeig de Josep Carner gehen Sie um das monumentale Aduana-Gebäude (Zollgebäude) herum in Richtung Moll de Barcelona.

❼ Vila Olímpica und Port Olímpic (siehe S. 84–85) In diesem Wohngebiet direkt am Wasser mit vielen Restaurants und Ausgehmöglichkeiten sind die Liegeplätze für Jachten und Boote heiß begehrt.

STADTVIERTEL-**TOUR**

Museu d'Història de Catalunya

1 Das Museum für katalanische Geschichte befindet sich im imposanten **Palau del Mar** aus braunrötlichem Backstein. Das ehemalige Speicherhaus ist das einzige Gebäude des alten Industriehafens und bietet als Ausstellungsort einen spektakulären Rahmen. Fahren Sie auf der Rolltreppe hinauf in den 2. Stock und folgen Sie der markierten Route. Die Exponate sind chronologisch angeordnet, von der Altsteinzeit bis zu den dramatischen Ereignissen 1714, als spanische Truppen Katalonien eroberten. Weiter geht es im 3. Stock, wo das industrielle Wachstum im 19. Jh., das Leben unter der Franco-Diktatur sowie die heutige Demokratie erläutert werden. Für jüngere Besucher gibt es jede Menge Mitmachaktionen. Versuchen Sie doch mal, eine Rüstung hochzuheben, um zu erfahren, wie Ritter (und ihre Pferde) unter dem Gewicht zu leiden hatten, oder erfahren Sie, wie

Das heutige Museum war einst ein riesiger Umschlagplatz für die am Hafen angelandeten Waren.

man einen romanischen Triumphbogen baute. Besuchen Sie auch das Restaurant und die Terrasse im 4. Stock, von wo aus Sie einen grandiosen Ausblick auf den **Port Vell** genießen.

Plaça de Pau Vila, 3 • www.mhcat.cat • Tel. 932 254 700 • € • geschl. So (nachmittags), Mo, 1./6. Jan, 25./26. Dez • Metro: Barceloneta

L'Aquàrium

❷ Seit der Eröffnung 1995 ist das Aquarium ein Besuchermagnet. Tauchen Sie ein in eine magische Unterwasserwelt mit 23 Themenbereichen. Folgen Sie der markierten Route, die Sie zu sieben tropischen Becken mit unterschiedlichen Meeresböden und Ökosystemen führt, vom Great Barrier Reef bis zum Roten Meer. In der Abteilung »Ökosystem Mittelmeer« bewundern Sie zahlreiche mediterrane Arten, die wichtigsten der Welt. Das Highlight hier ist das riesige **Oceanario**, ein 36 m breites und 5 m tiefes Becken, in dem sich 80 Arten tummeln. Ein langer, gläserner Unterwassertunnel führt Sie unter dem 4-Mio.-Liter-Tank entlang, was das Gefühl erweckt, inmitten der Fische zu schwimmen. Haie und Stachelrochen kommen schauderhaft nahe, während Tintenfische, Seesterne und Doraden weniger bedrohlich erscheinen. Das tropische Aquarium beheimatet allerlei Arten, vom furchteinflößenden Steinfisch, dessen Stachel 20-mal tödlicher ist als der Biss einer Kobra, bis hin zum zierlichen Seepferdchen und witzigen Clownfisch, der in »Findet Nemo« die Hauptrolle hatte. Besonders Wagemutigen bietet das Aquarium die Gelegenheit, mit den Haien zu schwimmen (nähere Infos auf der Website).

In den riesigen Becken schwimmen rund 11 000 Fische aus über 400 Arten. Computer steuern die Beleuchtung, um natürliche Habitate nachzubilden.

Moll d'Espanya del Port Vell • www.aquariumbcn.com • Tel. 932 217 474 • €€€€ • Metro: Drassanes oder Barceloneta

STADTVIERTEL-**TOUR**

GUT **ESSEN**

■ AGUA
Ein bezauberndes Restaurant am Hafen mit moderner mediterraner Küche. Reservieren Sie einen Tisch auf der Terrasse direkt am Strand. **Passeig Marítim, 30, Tel. 932 251 272, €€€**

■ CARBALLEIRA
Ein alteingesessenes Fischrestaurant mit galizischen Gerichten wie *centollo gallega* (Seespinnen) oder *parillada de pescado* (gemischte Grillfisch-Platte). **Reina Cristina, 3, Tel. 933 101 006, €€€€**

■ EL VASO DE ORO
Genießen Sie ein kühles Bier in dieser schmalen Bar in einer Seitengasse in Barceloneta. Dazu gibt es traditionelle Tapas wie *pebrots de Padró* (kleine, grüne Paprikas) oder *croquetes*. **Balboa, 7, Tel. 933 193 098, €€**

Golondrinas

③ Vertäut am Kai, erwarten die Ausflugsboote *Lolita, Encarnacion* und *Maria del Carmen* ihre Gäste zu einer Rundfahrt durch den Hafen. Die Golondrinas, wie die Boote hier heißen, verkehren seit 1888, mit Ausnahme der Bürgerkriegsjahre 1936–1939, als Treibstoff knapp war. Lassen Sie sich an Deck eines dieser alten Boote eine kühle Brise um die Nase wehen, während Sie an den schwimmenden Hotelburgen und der Container-Landschaft vorbeischippern. Wer Lust hat, macht auf einem Katamaran mit Glasboden eine größere, 90-minütige Kombi-Tour durch den Hafen und hinaus aufs Meer. Sie geht am Hafen entlang, am Port Olímpic vorbei, bis zum Fòrum Universal de les Cultures 2004. Wer will, kann aussteigen, um die Stätte zu besichtigen.

Moll de les Drassanes • www.lasgolondrinas.com • Tel. 934 423 106 • Hafenrundfahrt €€, Küstentour €€€ • geschl. 1./6. Jan, 24./25. Dez

Seit über 100 Jahren legen die Golondrinas hier am Hafen ab.

Mirador de Colom

4 Am Hafen von Barcelona steht dieses geschichtsträchtige Wahrzeichen. Treten Sie ein Stück zurück, um Kolumbus hoch oben auf seinem Denkmal bewundern zu können. Er zeigt entschlossen nach Süden, obgleich er von Andalusien aus – vergebens –einen westlichen Seeweg nach Indien suchte. Doch nach der Rückkehr von seiner ersten Reise zum neuen Kontinent wurde er hier in Barcelona auf der **Plaça del Rei** vom Königspaar empfangen. Am Sockel wird das Kolumbus-Denkmal von zwei riesigen, gusseisernen Löwen bewacht. Gehen Sie die wenigen Stufen hinauf, um etwas mehr über Kolumbus zu erfahren. Bronzereliefs zeigen Szenen seiner großen Reise, darunter den Moment, als er am 12. Oktober 1492 Amerika errichte. Heute ist der 12. Oktober in ganz Spanien Nationalfeiertag.

Die hochaufragende Bronzestatue zum Gedenken an Kolumbus, den Entdecker Amerikas, ist weithin sichtbar und markiert das Ende der Rambla.

Diese monumentale, bauliche Meisterleistung, die nach siebenjähriger Bauzeit zur Weltausstellung 1888 vollendet war, zeugte von der Begeisterung Kataloniens für den industriellen Fortschritt. Auf einer Tafel steht zu lesen, dass zur Grundsteinlegung der Bürgermeister aus dem italienischen Genua kam, der wahrscheinlichen Geburtsstadt von Kolumbus. Ein Fahrstuhl bringt Sie hinauf zu einer umschlossenen Aussichtsplattform, von der aus Sie einen herrlichen Blick auf Hafen und Kirchtürme haben – malerisch umrahmt von den Collserola-Bergen.

Plaça Portal de la Pau • www.barcelonaturisme.com • Tel. 932 853 834 • € • geschl. 1. Jan, 25. Dez • Metro: Drassanes

STADTVIERTEL-**TOUR**

Museu Marítim de Barcelona

5 Siehe S. 86–87.

Av. de les Drassanes • www.mmb.cat • Tel. 933 429 920 • €€ inkl. Besuch der Kirche Santa Eulàlia • geschl. 1./6. Jan, 25./26. Dez • Metro: Drassanes

Transbordador Aeri

6 Wenn Sie auf das elegant geschwungene **World Trade Center** am Ende des Kais zukommen, sehen Sie die *transbordador aeri*, leuchtrote Seilbahngondeln, die zwischen Hafen und Montjuïc sanft durch die Lüfte schwingen. Auf halber Strecke hält die Seilbahn an der **Torre de Jaume I**, einem mächtigen, 107 m hohen Eisenturm, entworfen von Carles Buïgas, dem Sohn des Architekten des Kolumbus-Denkmals. Steigen Sie ein und genießen Sie eine ganz neue Perspektive auf die Stadt, während Sie hoch über dem Wasser schweben. An der **Torre de Sant Sebastià**, die sich am gleichnamigen Strand erhebt, steigen Sie aus. Vom oberen Ende des Turms haben Sie einen tollen Blick auf Hafen und Strand. Zu nachmittäglicher Stunde dürften Sie von dort auch die Fischerboote sehen, die am **Moll de Pescadors** festmachen, wo ein berühmter Uhrturm steht, der früher als Leuchtturm diente.

Moll de Barcelona • www.telefericodebarcelona.com • Tel. 934 304 716 • €€ • geschl. 25. Dez • Metro: Barceloneta oder Drassanes

Vila Olímpica und Port Olímpic

> **CLEVER REISEN**
>
> Für einen ganz besonderen kulinarischen Genuss lassen Sie die vielen Restaurants am Passeig de Joan de Borbó in Barceloneta außer Acht und wählen Sie eine der Bars auf der Plaça de la Font oder am C. de Ginebra oder C. de la Maquinista.

7 Wieder festen Boden unter den Füßen, flanieren Sie die Promenade oder den Strand entlang Richtung Vila Olímpica (Olympisches Dorf). Markiert wird es von Zwillingstürmen, einem neuen, markanten Wahrzeichen in Barcelonas Skyline. In einem der beiden Türme befindet sich das luxuriöse **Hotel Arts**, beliebt bei Rockbands

Bars und Restaurants erhellen das Ufer – ein wunderschönes Ziel für den Abend.

und Filmstars. Im Erdgeschoss finden im **Gran Casino** oft Konzerte statt. Einige Lokale am kleinen Strandabschnitt unweit des Hotels haben ganztägig geöffnet. Im anderen Turm nahe einem Wohngebiet liegen Büros mit beneidenswerter Aussicht. Erbaut anlässlich der Olympischen Sommerspiele 1992, ist die Vila Olímpica inzwischen zur attraktiven Wohngegend avanciert, insbesondere für Jogger und junge Familien, die mitten in der Stadt gerne »draußen« sind. Das Yelma-Cineplex mit 15 Kinos bietet Original-Spielfilme. Spazieren Sie über die Strandpromenade Avinguda d'Icària, beschattet von einer Pergola mit Skulpturen aus Metall und Holz, entworfen von Enric Miralles. Doch auch für Nachtschwärmer ist der Port Olímpic (Olympiahafen) mit seinen vielen Lokalen ein beliebter Treffpunkt: Lassen Sie den Tag bei einem Cocktail im Mondschein ausklingen.

Vila Olímpica • Metro: Ciutadella Vila Olímpica

IM **DETAIL**

Museu Marítim de Barcelona

Besuchen Sie ein Museum, das die maritime Vergangenheit der Stadt erhellt, und kommen Sie an Bord eines Schoners am Hafen.

AM HAFEN

Das Museu Maritim befindet sich im selben Gebäude, in dem einst die *Galera Reial* gebaut wurde.

Im Museu Marítim, am Hafen von Barcelona in den Drassanes Reials de Barcelona, der ehemaligen Königlichen Werft, entdecken Sie die Seefahrergeschichte der Stadt, vom Mittelalter bis heute. Seit dem Mittelalter wurden hier die Schiffe gebaut, die weit entfernte Gebiete eroberten und im Mittelmeerraum Handel trieben. 1670 wurde die Werft originalgetreu im Stil der katalanischen Gotik wiederaufgebaut. Exponate sind sowohl im Gebäude als auch im Innenhof ausgestellt. Unbedingt sehenswert: das Museumsschiff *Santa Eulàlia*.

■ Seefahrerleben

Im Eingangsbereich zeigt ein Hafenmodell aus dem 15. Jh., welch große Bedeutung die Seefahrt damals für die Stadt hatte. Man sieht das Hafenviertel und viele Sehenswürdigkeiten, wie die Kirche Santa Maria del Mar (siehe S. 98–99). Im Erdgeschoss präsentieren wechselnde Ausstellungen einzelne Stücke aus unterschiedlichen Sammlungen, wie eine illustrierte Seekarte von Gabriel de Vallesca aus dem Jahr 1439 oder verwitterte, bunte Galionsfiguren.

■ Königliche Kriegsschiffe

In einem riesigen Raum wurden Galeeren gebaut. Trotz hoher Gewölbedecke und typisch gotischer Proportionen konnte der Hauptbereich immer nur ein Schiff fassen. Die *Galera Reial*, 1568 hier erbaut, war mit das größte Kriegsschiff jener Zeit. Ein maßstabsgetreuer Nachbau zeigt das Ausmaß der Ruderkriegsschiffe. 236 Ruderer trieben das Schiff an 59 Rudern voran.

■ Garten

Genießen Sie ein ruhiges Schattenplätzchen zwischen hohen Bäumen und Wänden. Entdecken Sie Exponate aus Barcelonas jüngerer Geschichte wie zum Beispiel die *Ictíneo I*, das erste U-Boot der Welt, eine Erfindung des Katalanen Narcís Monturiol von 1859. Oder linsen Sie in die Kommandobrücke der *Sayremar I* aus dem 20. Jh. hinein, die einen lebhaften Eindruck vom Alltag auf hoher See vermittelt.

■ Schwimmendes Exponat

An der Strandpromenade liegt die wunderschöne *Santa Eulàlia* vor Anker (*Moll de la Fusta, geschl. Mo, Sa am Vormittag*), ein Dreimast-Schoner von 1839, der einst als Handelsschiff fuhr. Vom Museum restauriert, hat es jedes Jahr am 5. Januar seinen großen Moment, wenn es die Hl. Drei Könige in die Stadt (siehe S. 88) bringt.

> ### CLEVER **REISEN**
>
> In eindrucksvoller Kulisse serviert das Museumsrestaurant täglich ein katalanisches Mittagsmenu, *menú del día*. Von den Tischen unter dem hohen Dach blickt man durch die Glasfassade auf den Gartenteich. Auch draußen im Garten werden Snacks und Drinks serviert. Infos über musikalische Veranstaltungen im historischen **Sala Marqués de Comillas** gibt der Museumskalender.

Av. de les Drassanes • www.mmb.cat • 933 429 920 • €€ inkl. Besichtigung der Santa Eulàlia • geschl. 1./6. Jan, 25./26. Dez • Metro: Drassanes

TYPISCH **BARCELONA**

Feste

Ob *festes majors*, Straßenfeste oder Volksfeste – die Katalanen lieben es zu feiern, das ganze Jahr hindurch. Ihre Fest- und Feiertage sind ihnen heilig, denn sie sind Ausdruck ihrer nationalen Identität und Anlass zu ausgelassener Fröhlichkeit. Neue Einflüsse haben den Festkalender inzwischen erweitert. Barcelona ist heute eine Hochburg der hippsten Kultur- und Musikfestivals, die Besucher aus aller Welt anziehen.

Monatelange Vorbereitungen gehen der Festa Major de Gràcia im August voraus (oben). Gespannt erwarten die Kinder am Vorabend des 6. Januar die Ankunft der Hl. Drei Könige, denn sie bringen Geschenke (gegenüber). In Spanien bekommen viele Kinder ihre Geschenke nicht an Weihnachten, sondern am Dreikönigstag.

Feste-Kalender

Religiöse Feiertage bieten ein buntes Spektakel. Im abendlichen Dämmerlicht laufen am Vorabend des Dreikönigsfests die Hl. Drei Könige an Bord des Schoners *Santa Eulàlia* (siehe S. 87) im Hafen ein. Auf Festzugswagen ziehen sie dann die Via Laietana hinauf, während ihre Diener Süßigkeiten in die Menge werfen. Noch mehr Umzüge gibt es im Februar zur Karnevalszeit. Höhepunkt ist die Gran Rua, der große Umzug. Schon eine Woche zuvor gehen die Kinder verkleidet zur Schule. Ganz im Zeichen der Liebe steht der 23. April, Tag des hl. Georg (Sant Jordi), an dem sich die Katalanen mit Rosen und Büchern beschenken (siehe S. 73). Einzigartig ist das *l'Ou com Balla* (»Das tanzende Ei«) im Mai oder Juni an Fronleichnam. Nach alter Tradition scheint ein Ei auf der Fontäne eines blumengeschmückten Springbrunnens zu »tanzen«. Eine Augenweide sind auch die *patios* im Barri Gòtic, insbesondere die Casa de l'Ardiaca, Klostergärten und der Palau del Lloctinent an der **Plaça del Rei** (siehe S. 54–55).

Festes Majors

Besucher aus aller Welt kommen zum größten Stadtfest in Barcelona, zur *festa major* La Mercè (siehe S. 72–73). Doch in den Stadtvierteln gibt es das ganze Jahr über lokale *festes majors*. Von Barceloneta bis Sants, überall wird *sardana* getanzt, es gibt Festumzüge und Feuerwerke.

Kultur & Musik

Im **Griechischen Amphitheater** am Montjuïc und auf den Plätzen der Altstadt feiern Künstler mit Theater, Musik und Tanz das Grec-Sommerfestival. Im Juni lockt das Sónar International Festival of Advanced Music Tausende Besucher, und das International Jazz Festival findet in großen Häusern wie dem Palau de la Música Catalana (siehe S. 96–97) statt.

FESTLICHE **SPEISEN**

Karneval Bevor die Fastenzeit beginnt, gönnen Sie sich eine *botifarra d'ou*, eine deftige Eierwurst.

Ostern Paten schenken ihren Patenkindern eine *mona*, einen toll verzierten Kuchen. Eine Schoko-Probe gibt es bei Escribà *(La Rambla, 83)*.

Hl. Dreikönige Es gibt *tortell de reis*, ein Marzipangebäck mit Papierkrone. Darin sind eine getrocknete Bohne und eine kleine Königsfigur versteckt. Wer den »König« findet, bekommt die Krone, wer die Bohne erwischt, ist der *tortell*-Bäcker im nächsten Jahr.

BEST OF

Strände

Barcelona bietet Besuchern einen attraktiven Mix aus städtischen Sehenswürdigkeiten und quirligen Stränden. Suchen Sie sich einen von Barcelonas sieben Stränden zur Entspannung aus. Falls Sie eher die Ruhe suchen, fahren Sie mit dem Zug ein Stück die Küste entlang zu einer der vielen Badebuchten.

AM HAFEN

■ Sant Sebastià

Der beliebteste Strand der Barceloneser liegt am südlichsten Ende von Barceloneta. Der Strand von San Sebastian verdankt seinen Namen Banys Sant Sebastià einem von mehreren Seebädern aus dem 19. Jh. Im Vorfeld der Olympischen Spiele 1992 wurde das Gebiet gerodet und neue Strände angelegt, mit Duschen, öffentlichen Toiletten und Bademeistern. Die Bauarbeiten zum 26-stöckigen **W**-Hotel *(Placa de la Rosa dels Vents, 1, Tel. 932 952 800)* machten den Strand zu einer geschützten Badebucht. Die Bars im unteren Bereich des Hotels verleihen dem Strand ein glamouröses Flair. Die hoteleigene Bar **Salt** *(Passeig del Mare Nostrum, Tel. 932 952 819)* serviert Cocktails direkt an den Strand. Wer Lust auf leckere Reisgerichte und Salate hat, probiert das **Pez Vela**, ein schickes Lokal im mediterranen Stil *(Passeig del Mare Nostrum, 19–21, Tel. 932 216 317)*.

■ Mar Bella

Hier, an einem der neuesten Strände hinter dem Olympic Port, hat man das Gefühl, angenehm weit weg vom Trubel der Stadt zu sein. Nur wenige Gehminuten von der Metro-Station Poblenou entfernt, genießt man eine entspannte Atmosphäre, weshalb er besonders bei Nudisten beliebt ist. Der familienfreundliche **Parc de Poblenou** bietet eine Skateboard-Halfpipe und Tischtennisplatten. Am Abend öffnet die Strandbar **El Chiringuito de la Mar Bella** und zieht ein multikulturelles Publikum an. Die Bar **Relevant** nebenan bietet tagsüber leckere Tapas und abends ein tolles Programm mit Auftritten von Artisten oder Musikern. Erleben Sie die Rambla de Poblenou, einen eher dörflich anmutenden Boulevard mit Cafés und Bars. Im **El Tio Che** *(Rambla de Poblenou, 44)* wird seit über 100 Jahren orxata serviert, ein Durstlöscher aus Tigernüssen (Erdmandeln).

Barcelonas Strände sind bei Einheimischen wie Touristen äußerst beliebt.

■ BADALONA

Badalonas Strandstreifen mit Promenade, Palmen und hübschen Villen aus dem 19. Jh. verströmt das Flair eines Ferienortes. Mit dem Regionalzug (RENFE) nur 20 Minuten von der Plaça de Catalunya entfernt, ist Badalona eine echte Alternative zu den Stadtstränden. Ein paar hundert Meter nördlich vom Bahnhof ist man weg vom großen Pulk aus der Stadt.

■ SITGES

Berühmt für seine künstlerische Vergangenheit (siehe S. 170–171) und seine Schwulenszene verströmt dieses attraktive, weiß getünchte Küstenörtchen einen ganz eigenen Charme. Mit dem Regionalzug (RENFE) ist Sitges nur 40 Minuten von den Metro-Stationen Passeig de Gràcia oder Sants entfernt, dennoch fühlt man sich wie in einer sehr viel südlicheren Welt. Von der Kirche **Sant Bartomeu i Santa Tecla**, die auf einer Landzunge steht, ziehen sich goldene Strände endlos ins Weite. Das flache Wasser ist ideal für Kinder, und die bunten Sonnenliegen und Sonnenschirme tragen zu einer entspannten Auszeit von der Stadt bei. Das Mittagessen schmeckt am besten dort, wo Einheimische essen. Leckere Paella gibt es auch im Strandhotel **La Santa María** *(Passeig de la Ribera, 52, Tel. 938 940 999)*. Und danach: Siesta auf der Sonnenliege – ein perfekter Tag!

La Ribera

In La Ribera erwarten Sie viele traditionelle Läden und Bars, aber auch schicke Boutiquen und Lokale. Das trendige Szeneviertel liegt nördlich der Via Laietana, der Straße, die die Altstadt durchschneidet. Ein Hauch von Mittelalter durchweht das Labyrinth der Gassen aus dem 13. Jh., als Kaufleute von ihren Überseefahrten heimkehrten, um sich in La Ribera niederzulassen, einem Viertel, das einst näher am Meer lag. Ende des 14. Jh. bauten Kaufleute die Paläste, die die Calle Montcada säumen und heute das Museu Picasso und die Kirche Santa Maria del Mar beherbergen. Der Reichtum schwand, als Philipp V. Barcelona zwang, sich seiner Herrschaft zu unterwerfen, und befahl, das alte Viertel zu zerstören und eine Zitadelle zu bauen. Doch die Katalanen ruhten nicht, bis die Zitadelle fiel und auf dem Platz der Ciutadella Park und der Zoo entstanden. Unweit dieser weiten Grünflächen liegt das trendige, neu belebte Viertel rund um den Passeig del Born mit modernen, umgebauten Geschäftshäusern wie das Ausstellungszentrum El Born Centre Cultura.

- 94 Stadtviertel-Tour
- 102 Im Detail: Museu Picasso
- 106 Typisch Barcelona: Katalanische Küche
- 108 Best of: Shopping

◉ Wohngebäude mit verblassten Fassaden neben modernen Restaurants und urigen Läden machen La Ribera zu einem bunten Viertel.

STADTVIERTEL-**TOUR**

La Ribera

Architektonische Perlen, der Städtische Zoo, ein Meister der Moderne sowie einzigartige Bars und Geschäfte – all das macht La Ribera zu einem bunten und spannenden Ort, der einen Besuch lohnt.

❶ Palau de la Música Catalana (siehe S. 96–97) Das kunstvolle Konzerthaus eröffnete 1908. Heute bietet es ein umfangreiches Programm aus klassischen Konzerten, Jazz und Flamenco. Gehen Sie den Carrer de Verdaguer i Callis entlang, dann links in den C. Sant Pere Mes Baix und rechts in den C. Freixures.

❷ Mercat de Santa Caterina (siehe S. 97) Dieser lebhafte Markt mit seinem charmanten Flair ist ein Fest für die Augen. Am hinteren Ende bei den Klosterruinen verlassen Sie ihn, gehen den C. de Sant Jacint hinunter und dann links in den C. dels Corders und an der romanischen Kapelle rechts. Überqueren Sie den C. de la Princesa zum C. Montcada.

❸ Museu Picasso (siehe S. 102–105) Fünf mittelalterliche Paläste bieten dieser riesigen Kunstsammlung ein beeindruckendes Zuhause. Wechselnde Ausstellungen zu verwandten Themen finden ebenfalls hier statt. Auf dem C. Montcada sehen Sie Gebäude aus der baulichen Hochphase des Mittelalters. Folgen Sie dem C. dels Sombrerers bis zum Haupteingang der Kirche.

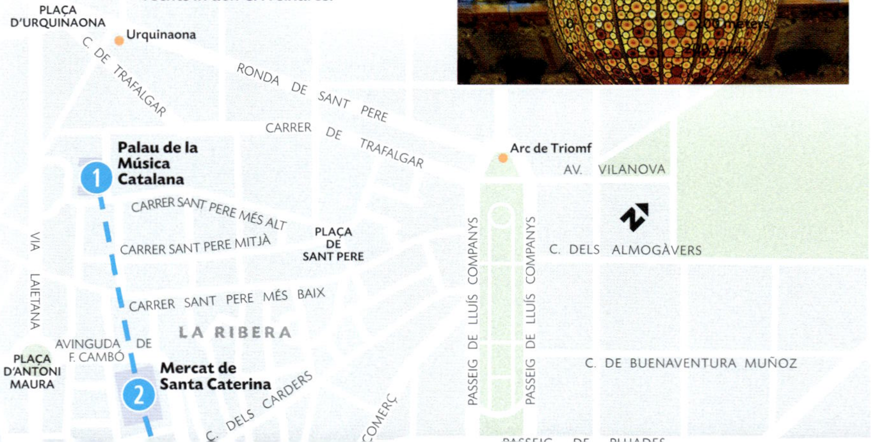

4 Santa Maria del Mar
(siehe S. 98–99) Mit ihrer beeindruckenden Fassade und dem himmelhohen Inneren ist diese Kirche ein Prachtbeispiel katalanischer Gotik: Man sagt, sie sei die schönste Kirche Barcelonas. Durch die Nebentür gelangen Sie hinaus auf die Plaça Fossar de le Moreres. Von dort gehen Sie zum Passeig del Born.

5 Passeig del Born
(siehe S. 99) In den engen Gassen, die vom Passeig del Born abgehen, finden sich viele kleine Boutiquen. Nach einem Bummel schwenken Sie wieder auf den Passeig del Born, der einst Schauplatz von Turnieren war, heute gesäumt von Cocktailbars und Cafés. Gehen Sie bis ans Ende, wo ein imposantes Gebäude steht.

6 Born Centre Cultural
(siehe S. 100) Diese historische, ehemalige Markthalle ist heute ein Kulturzentrum. Nach ein paar Metern auf dem kopfsteingepflasterten Carrer de la Ribera überqueren Sie die Straße zum Passeig de Picasso.

7 Parc de la Ciutadella
(siehe S. 100–101) Dieser große Park enthält einen Zoo, das katalanische Parlament und einige modernista-Gebäude. Er bietet zudem jede Menge Platz zum Entspannen und Sporttreiben.

**LA RIBERA STRECKE: 4,5 KM DAUER: ETWA 7 STD.
START: METRO URQUINAONA**

STADTVIERTEL-**TOUR**

Palau de la Música Catalana

1 Dieser »Palast der Musik« hat einen neuen Anbau und Eingang im Palau de la Música. Aber beginnen Sie Ihren Besuch in der Nachbarstraße, dem Carrer de Sant Pere Més Alt. Bewundern Sie die Fassade am ursprünglichen Eingang aus rotem Backstein und Buntglas sowie die pastellfarbenen Keramikkacheln an den Säulen. Lluis Domènech i Montaner, Lichtgestalt der *modernisme*-Bewegung (katalanischer Jugendstil, siehe S. 122–123) und Zeitgenosse Gaudís, entwarf die Konzerthalle für den katalanischen Volkschor Orfeó Català. Im modernen Anbau des katalanischen Architekten Tusquets, der den Kammermusiksaal beherbergt, setzt sich das Backstein-Glas-Thema fort. Im neuen Eingangsbereich mit Terrassencafé steht eine Statue von Lluis Millet, dem Gründer des Orfeó Català – ein idealer Ort für ein Frühstück unter seinem Taktstock. Oder Sie nehmen Ihren Kaffee an der ursprünglichen Bar im Foyer ein

LA RIBERA

Das große Buntglas-Oberlicht erleuchtet den Konzertsaal mit 2000 Plätzen.

und genießen die dekorativen Details dieses opulenten Raums. Sie können auch durch die Bar durchgehen, um dahinter die alte Eingangshalle zu sehen. Um einen Blick in die Aula werfen zu können, müssen Sie aber eine Konzertkarte kaufen oder eine Führung buchen (halbstündig von 10–15.30 Uhr). Beides lohnt den Preis, denn die extravagante Architektur des *modernisme Català* führt die wichtigsten kunsthandwerklichen Materialien jener Zeit zusammen: Schmiedeeisen, Keramik, Glas.

Palau de la Música, 4–6 • www.palaumusica.cat • Tel. 932 957 200 • Führungen täglich • €€€€ • Metro: Urquinaona

Mercat de Santa Caterina

2 Aus dem Dunkel der engen Gassen tauchen Sie hinaus auf die breite Avinguda de Francesc Cambó und mitten hinein in das typisch lärmende Treiben am alten Markt des Viertels. Die Markthalle Santa Caterina, 1848 erbaut auf dem Gelände eines ehemaligen Klosters, wurde 2005 vom katalanischen Stararchitekten Enric Miralles komplett umgebaut und neu designt. Ein Dachmosaik aus 325 000 Kacheln repräsentiert Obst und Gemüse, das unter dem welligen, von Bogenstreben gestützten Dach verkauft wird. Durch den Eingang an der überwölbten Fassade treten Sie hinein und bummeln durch die Gänge zwischen den Ständen mit erlesenen, saisonalen Produkten. Es gibt alles, was das Herz begehrt – Artischocken, Pilze, Tintenfisch, Hummer. Eine Anlaufstelle für leckeres Mittagessen: Mediterrane und asiatische Küche im modernen Lokal **Cuines Santa Caterina** *(Tel. 932 689 918)*, und die **Bar Joan** *(Stand 108, Tel. 933 106 150)*, wo viele Einheimische speisen, serviert ein *menú del día*, ein preiswertes katalanisches Mittagsgericht.

Die Markthalle Santa Caterina ist der dynamische Mittelpunkt am Platz.

Av. de Francesc Cambó, 16 • www.mercatsantacaterina.com • Tel. 933 195 740 • geschl. So • Metro: Urquinaona oder Jaume I

STADTVIERTEL-**TOUR**

Museu Picasso

3 Siehe S. 102–105.

Montcada, 15–23 • www.museupicasso.bcn.cat • Tel. 932 563 000 • €€€ •
geschl. Mo, 1. Jan, 1. Mai, 24. Juni, 25./26 Dez • Metro: Jaume I

Santa Maria del Mar

4 Stellen Sie sich auf der Plaça de Santa Maria mit dem Rücken zum Brunnen von 1402, dem angeblich ältesten in Barcelona, und betrachten Sie die wunderschöne Fassade der »Kathedrale des Meeres«. Bestaunen Sie die beiden achteckigen Glockentürme, die zu beiden Seiten eines mittigen Rosettenfensters hoch gen Himmel ragen. Achten Sie auch auf die vielen Motive, die einen Eindruck vom harten mittelalterlichen Alltag geben, insbesondere auf die beiden »Lastenträger« *(baistaixos)*, die am Bau der Kirche beteiligt waren, am Eingangsportal. Die relativ kurze Bauzeit (1329–1384) hatte zur Folge, dass die Architektur eine seltene Uniformität aufweist. Beim Betreten des Innenraums fällt die schiere Größe und erhabene Leichtigkeit der Kirche auf. Hohe, schlanke Pfeiler ragen nach oben; die Stützweite zwischen den Pfeilern beträgt 13 m und ist damit die weiteste aller gotischen Kirchen in Europa. Um den Altar herum sind die schlanken Pfeiler enger gruppiert, um den sakralen Raum abzugrenzen. Berenguer de Montagut, der Baumeister dieses ehrgeizigen Projekts, war bekannt für eine minimalistische Ausgestaltung des Innenraums. Ein Brand während des Bürgerkriegs 1936 tat ein Übriges dazu, raubte der Kirche ihre ohnehin spärlich vorhandene Ornamentik

LA RIBERA

Das von einem Erdbeben erschütterte Rosettenfenster wurde im 15. Jh. restauriert.

und gab ihr jene unprätentiöse Schlichtheit, die wir heute sehen. Wer kann, sollte sich hier unbedingt ein Konzert anhören – eine wahrlich erhebende Erfahrung!

Plaça de Santa Maria, 1 • www.stamariadelmar.org • Tel. 933 102 390 • geschl. 13.30–16.30 Uhr • Metro: Jaume I oder Barceloneta

Passeig del Born

5 Der Passeig del Born, eine im Rechteck angelegte Promenade, ist das inoffizielle Zentrum des Viertels El Born, dem Teil von La Ribera südöstlich des Carrer de la Princesa. Beliebt ist das Viertel wegen seiner individuellen Läden, einem pulsierenden Nachtleben und dem reichen kulturellen Erbe. Dass alles hier klein und überschaubar geblieben ist, trägt zum urigen Charme des Viertels bei. Die Modeboutiquen ähneln fast kleinen Kunstgalerien. Egal, von wo aus Sie in das Labyrinth der Gassen biegen, Sie werden allerlei Ausgefallenes entdecken. Auf dem malerischen Carrer de la Vidrieria *(Nr. 11)* verkauft die Barceloneser Designerin **Anna Povo** bequeme, gleichwohl hochmodische Kleider aus Naturfasern. Auf der anderen Seite des Passeig del Born *(Flassaders, 41)* liegt das **Cortana**, wo es elegante Ball- und Hochzeitskleider der mallorquinischen Designerin Rosa Esteva gibt. Ein Stück weiter, gleich hinter dem Museu Picasso, verkauft die katalanische Designerin Maria Roch im **RooM** *(Nr. 31)* ihre Mode. Nebenan im **Èstro** *(Nr. 33)* gibt es italienische Luxusledermode für Damen und Herren. Ein Imperium für Vintage-Kleider, Spielereien und Retromusik ist das **Loisaida** *(Nr. 42)*, das auch unabhängige Modelabels führt. Zurück auf dem Passeig del Born finden Sie im **Tascón** *(Nr. 8)* eine große Auswahl an Schuhen und spanischer Designermode.

Passeig del Born • Metro: Jaume I oder Barceloneta

GUT **ESSEN**

■ CAL PEP
In diesem Restaurant können Sie von der Bar aus den Köchen zuschauen, die mediterrane Köstlichkeiten zaubern wie *xipirons amb cigrons* (junge Tintenfische an Kichererbsen) oder *cloïsses amb pernil* (Muscheln mit Serrano-Schinken). Und bei mehr als 70 Tapas haben Sie die Qual der Wahl. **Plaça de les Olles, 8, Tel. 933 107 961, €€€**

■ LA VINYA DEL SENYOR
In privilegierter Lage mit einladender Terrasse am Fuße der Stufen zur Kirche Santa Maria del Mar bietet diese *vinoteca* eine interessante Auswahl an offenen Weinen, spanische und internationale. Probieren Sie dazu auch *platillos* (kleine Gerichte) und Tapas.
Plaça de Santa Maria del Mar, 5, Tel. 933 103 379, €€

STADTVIERTEL- **TOUR**

> **CLEVER REISEN**
>
> La Díada, der katalanische Nationalfeiertag am 11. September, gedenkt der Unterwerfung der Stadt durch Felipe V. (siehe Born CC). Der Tag beginnt mit einer Zeremonie im Parc de la Ciutadella, wo lokale Würdenträger und Polizei in Paradeuniform die Nationalhymne singen, und endet nahe der Kirche Santa Maria del Mar.

Born Centre Cultural

6 Dieses aus Eisen konstruierte Gebäude ist inspiriert von baulichen Konstruktionen jener Zeit, wie dem Eiffelturm. Ursprünglich war das heutige Kulturzentrum der zentrale Markt in Barcelona, eröffnet 1876 als Mercat del Born. Vor mehr als 40 Jahren wurde er geschlossen, bevor man ihn baulich erneuerte und ein kulturhistorisches Zentrum daraus machte – das Born CC. Im Innern folgen Sie den markierten Wegen durch die Ruinen mittelalterlicher Häuser, die man im Zuge der Umbauarbeiten unter dem Fundament entdeckte. Sie wurden einst zerstört, um Platz für die Zitadelle zu schaffen, die Felipe V. nach Barcelonas Eroberung am 11. September 1714 errichten ließ – dem Tag, der heute als »Diada«, Nationalfeiertag Kataloniens, begangen wird. Die feierliche Eröffnung des neuen Born CC fand am 11. September 2013 statt, zum 300. Jahrestag der Niederlage der Stadt. Eine Ausstellung in der **Sala Villarroel** zeigt 2800 Fundstücke aus den Ruinen, darunter 300 Kanonenkugeln. Ausstellungen und audiovisuelle Vorführungen zeigen den Widerstand der Barceloneser in jener tragischen Zeit. Nachdem Sie alles gesehen haben, gehen Sie weiter zum Parc de la Ciutadella.

Plaça Comercial, 12• www.elborncentrecultural.cat • Tel. 932 566 851 • €€ • geschl. Mo, 1. Jan, 1. Mai, 24. Juni, 25. Dez • Metro: Jaume I oder Barceloneta

Parc de la Ciutadella

7 Dieser beliebte Park befindet sich auf dem Gelände der ehemaligen Festung von Barcelona, die einst 8000 spanische Soldaten beherbergte – daher auch der Name des Parks. Die Festungsanlage wurde 1869 an die Stadt zurückgegeben und die Parkanlage zur Weltausstellung 1888 angelegt. Vorbei an herrlichen Palmen und Magnolien gelangen Sie zu den prächtigen Ausstellungsbauten – dem **Umbracle**, wo tropische Pflanzen beheimatet sind, dem **Hiver-**

nacle, einem *modernista*-Gewächshaus, und dem **Castell dels Tres Dragons**, einem Backsteinbau. Auf schattigen Wegen kommen Sie zur **Cascada**, einem gewaltigen Wasserfall mit Springbrunnen und Terrassencafé. Danach spazieren Sie hinüber zum **Parlament de Catalunya**. Im Teich vor dem Gebäude steht eine Nachbildung der berühmten Skulptur »**El Desconsol**« (Trostlosigkeit) des katalanischen Künstlers Josep Llimona: Das Original befindet sich im Museu Nacional (siehe S. 168–169). Hauptattraktion ist der **Zoo**, gegründet 1892, der die Hälfte des Parks einnimmt (siehe S. 34–35). Der Park schließt am Abend – eine gute Zeit, um nach El Born zurückzukehren und den Tag bei einem Essen ausklingen zu lassen.

Eingang: Passeig de Picasso und Passeig de Pujades • Metro: Arc de Triomf, Barceloneta, Jaume I, Ciutadella Vila Olimpica

Der Parc de la Ciutadella ist durchzogen von Fußwegen, vorbei an Bäumen und Brunnen.

IM **DETAIL**

Museu Picasso

Fünf mittelalterliche Paläste präsentieren Picassos frühes Werk, das großteils während seiner Zeit in Barcelona entstand.

Die Architektur verleiht dem Museum einen »malerischen« Rahmen.

Das Museu Picasso eröffnete 1963 als erstes von fünf Museen in Europa, die sich ausschließlich diesem Künstler widmen. Es führt durch die weltgrößte Sammlung früher Gemälde und Zeichnungen von Pablo Ruiz y Picasso und stellt so die Beziehung des Künstlers zu Barcelona dar. Gewinnen Sie einen Einblick in Picassos prägende Jahre, ehe Sie dann Werke aus der Blauen Periode betrachten. Das Museum enthält auch spätere Werke, darunter eine eingehende Studie zu »Las Meninas« von 1957 sowie weniger bekannte Keramiken.

■ PALAST-ENSEMBLE

Das Museum befindet sich in fünf zusammenhängenden Stadtpalästen in der C. Montcada, Barcelonas prachtvoller mittelalterlicher Straße. Anfänglich war die Sammlung im sanierten **Palau Aguilar** *(Nr. 15)* untergebracht, aber mit immer mehr Schenkungen wurde sie im Laufe der Jahre stetig erweitert. Heute sind die einzelnen Paläste **Palau Baró de Castellet** *(No. 17)*, **Palau Meca** *(No. 19)*, **Casa Mauri** *(No. 21)* und **Palau Finestres** *(No. 23)* nahtlos miteinander verbunden. Erbaut zwischen dem 13. Jh. und 15. Jh., ist den Palästen eins gemeinsam: Ein breiter Eingang führt auf einen Innenhof mit einer großen Außentreppe zum 1. Stock. Nehmen Sie sich Zeit, die wunderbaren Details der katalanischen Gotik zu betrachten sowie Elemente aus späteren Perioden wie die *modernista*-Wendeltreppe.

■ VON MÁLAGA NACH BARCELONA

Der Rundgang beginnt im Palau Meca und führt chronologisch durch die einzelnen Schaffensperioden. Picasso wurde 1881 in Málaga geboren, 1895 zog seine Familie nach Barcelona. Die ersten Räume des Museums zeigen Picassos früheste Werke, darunter sehr klein ausgeführte Ölgemälde auf Holz wie »**Casa del Camp**« (Landhaus),

HINTERGRUND

Das Museum wurde 1963 unter dem Namen Sabartés Collection eröffnet. Es durfte nicht Picasso-Museum heißen, da Picasso das Franco-Regime öffentlich kritisierte. So half Jaume Sabarté, Sekretär Picassos, das Museum zu gründen, und stiftete seine eigene Sammlung. Picasso, Zeit seines Lebens Kommunist, weigerte sich, nach Spanien zurückzukehren, solange Franco lebte. Da der Diktator den Künstler um zwei Jahre überlebte, bekam Picasso sein Museum nie zu sehen.

das er im jungen Alter von zwölf Jahren gemalt hat. Auch die Werke, die er im Alter von 13 bis 14 Jahren geschaffen hat, sind von einer außergewöhnlichen Tiefe, wie das Ölgemälde »**Home amb boina**« (Mann mit Barett) und ein Selbstporträt. Fotografien aus jener Zeit (siehe S. 104) zeigen intensiv blickende, braune Augen. Das meisterhaft ausgeführte Porträt seines Vaters, ein Aquarell, trägt die Handschrift eines reifen Künstlers. Sein Vater stand ihm für viele Gemälde Modell, u. a. für das Werk »**Primera Comunió**« (Erstkommunion), das in einer öffentlichen Ausstellung zu sehen war. Beim Betrachten seiner Werke käme man nie auf die Idee, dass Picasso einmal zu einem Gründer der kubistischen Bewegung avancieren würde.

LA RIBERA

IM DETAIL: MUSEU PICASSO | **103**

IM **DETAIL**

■ Vom Klassizismus zum abstrakten Expressionismus

Ein Wendepunkt in Picassos frühen Werken stellt »**Ciència i Caritat**« (Wissenschaft und Barmherzigkeit) dar, ein Gemälde in Öl auf Leinwand, das 1897 in Madrid ausgezeichnet wurde. In Raum 3 können Sie das riesige Bild bestaunen, aus dem spürbar das Leid der sozialistischen Wirklichkeit jener Zeit spricht. Ebenso sehenswert sind die Notizbücher des jungen Pablo.

Nachdem er der akademischen Schule den Rücken gekehrt hatte, kehrte Picasso nach Barcelona zurück, wo er sich avantgardistischen Künstlern und Schriftstellern anschloss, die sich regelmäßig in der Bar **Els Quatre Gats** (siehe S. 170) trafen. Im Raum 4, wo Porträts dieser Künstler sowie ein Porträt seiner jüngeren Schwester Lola und seines Freundes Jaume Sabartés hängen, macht sich ein gänzlich anderer Stil bemerkbar. Ein sich wiederholendes Thema in Picassos Arbeiten sind die Ausblicke aus Fenstern, wie zum Beispiel »**El carrer de la Riera de Sant Joan**«. Es zeigt den Blick aus seinem Atelier in der C. de la Riera de Sant Joan und und erste Zeichen von abstrakter Malerei. Beachten Sie auch die kleinen Skizzen zum Thema Stierkampf, wovon er einige während seiner Sommeraufenthalte in Málaga fertigte, während andere die Eröffnung der Stierkampfarena an der **Plaça d'Espanya** (siehe S. 162) zeigen. Mit wenigen dramatischen Pinselstrichen fängt Picasso die ganze Dynamik und Atmosphäre des Stierkampfs ein.

Foto des 14-jährigen Picasso, aufgenommen in Barcelona.

■ Paris 1900–1901

1900 kam Picasso erstmals nach Paris und reiste viele Jahre zwischen Paris und Barcelona hin und her, bevor er sich in Südfrankreich niederließ. Die Räume 5 bis 7 rücken diese Jahre in den Mittelpunkt. Zu sehen sind Gemälde, die das Leben der Pariser Bohème, einer dekadent theatralischen Welt, darstellen – wie in »**L'Espera. Margot**« (Margot oder das Warten), ein farbenreiches Porträt einer Morphiumabhängigen oder Prostituierten. Einflüsse von Malern, die er in Paris kennenlernte, wie van Gogh oder Toulouse-Lautrec, machen sich in Arbeiten wie »**La fi del número**« (Das Ende der Zahl) bemerkbar.

■ Blaue und Rosa Periode

Werke aus Picassos Blauer Periode in Raum 8 zeigen arme, sozial ausgestoßene Charaktere in Blautönen wie in »**Desemparats**« (Hilflos). Im Museum nur schwach vertreten, klingen in diesen Gemälden eigene Depressionen des Künstlers an, die erst mit der Rosa Periode heller wurden. Die zarten Farbtöne im Porträt der Benedetta Bianco (1905) weisen auf den Stilwechsel, der in Raum 9 zu sehen ist. In den beiden nächsten Räumen sind neue Themen zu sehen sowie ein Interesse am Neoklassizismus, das insbesondere im Anschluss an Picassos Reise nach Barcelona 1917 erwachte. Hier arbeitete er für Sergei Djagilews Balletts Russes, der im Liceu das Ballet »Parade« aufführte. Und hier entstand auch das bekannteste Gemälde der Rosa Periode, »**Arlequí**« (Harlequin), das erste, das Picasso der Stadt 1919 vermachte.

■ Las Meninas & andere klassische Meisterwerke

Die Räume 12 bis 14 nehmen Sie mit ins Jahr 1957. Hier finden sich Werke wie »**Las Meninas**«, eine gleichnamige klassische Interpretation des Meisterwerks von Diego Velázquez aus dem 17. Jh. Ein Porträt von Picassos letzter Ehefrau, Jacqueline, dominiert einen Raum, der Gemälde vom Taubenschlag an seinem Wohnhaus in Frankreich beherbergt. 1982 schenkte Jacqueline dem Museum aus der Privatsammlung ihres Mannes 41 keramische Unikate. Die letzten Räume umfassen Lithografien und Linolschnitte, gefertigt mit den neuesten Techniken jener Zeit.

Das Museum zeigt regelmäßig wechselnde Ausstellungen, sodass verschiedene Exponate mal in anderer Reihenfolge oder anderen Räumen zu sehen sind. Stöbern Sie im Museumsshop, wo es neben Postkarten auch viele Bücher zu diesem prägenden Künstler des 19. und 20. Jh gibt.

Montcada, 15–23 • www.museupicasso.bcn.cat • Tel. 932 563 000 • €€€ • geschl. Mo, 1. Jan, 1. Mai, 24. Juni, 25./26. Dez • Metro: Jaume

TYPISCH **BARCELONA**

Katalanische Küche

Von Michelin-Sternen befeuert, herrscht zwischen den Restaurants in Katalonien und dem Baskenland ein heißer Konkurrenzkampf. Ein amerikanischer Kritiker war von der Qualität der katalanischen Alltagsküche derart überzeugt, dass er schrieb, sie sei das letzte große kulinarische Geheimnis Europas. Über 3000 Restaurants, Dutzende Märkte und jede Menge Lebensmittelgeschäfte machen Barcelona zu einem kulinarischen Erlebnis vom Allerfeinsten!

Spanisches Olivenöl (oben). Es ist aus traditionellen Speisen wie *pa amb tomàquet* oder Tapas nicht wegzudenken. Sehr beliebt in der Barceloneser Küche sind Fisch- und Reisgerichte sowie frisch zubereitete Paella (gegenüber) – kein Fest ohne!

Frisches von Feld und Meer

Die katalanische Küche verwendet frischeste Zutaten aus Bergen und Tälern der Region sowie Meeresfrüchte der lokalen Küste. Das Geheimnis bester Aromen liegt in der Saisonalität der Produkte. Suchen Sie gezielt nach Restaurants, die *cuina del mercat* bieten, also marktfrische Küche. Im Herbst sollten Sie *bolets* probieren (Wildpilze). Im Frühling probieren Sie *calcots*, eine Art Frühlingszwiebeln, auf offener Flamme gekocht, mit einer köstlichen Sauce aus zerstoßenen Knoblauchzehen, Haselnüssen, Mandeln, Tomaten und schwarzem Pfeffer. Einige Gerichte, die *mar i muntanya*, kombinieren Feld- und Meeresprodukte: *pollastre amb escamarlans* (Huhn mit Langusten) oder *peus de porc i bogavant* (Schweinepfötchen mit Hummer).

Pa amb tomaquet – ein typisch katalanischer Genuss

Olivenöl und Tomaten, die Basiszutaten aller mediterranen Gerichte, fügen sich in diesem typisch katalanischen Gericht harmonisch zusammen: Es besteht aus frisch geröstetem Brot, eingerieben mit Tomate, Olivenöl und einer Prise Salz. Man bekommt es überall serviert, in Eckkneipen ebenso wie in hippen Restaurant. Vorneweg oder als Beilage zu gegrilltem Fleisch, *truita* (Omelette), *embotits* (Geräuchertem) oder *fromatge de cabra* (Ziegenkäse) ist *Pa amb tomaquet* (»Brot an Tomate«) ein ausgesprochen gesunder Appetizer.

Sonntagsessen

Essen heißt in Barcelona immer auch Geselligkeit. Man isst gemeinsam, ob unter der Woche mit Kollegen oder sonntags mit Familie und Freunden. Und immer gibt es zum Abschluss ein *postre* (Dessert) aus einer Konditorei, dazu nicht selten *cava*, Sekt aus der Weinbauregion um Barcelona.

ESSEN IN **BARCELONA**

»Mach es wie die Katalanen« lautet das Motto. Zum Frühstück einen *cafè amb llet* (Milchkaffee) oder ein herzhaftes *esmorzar de forquilla* (»Gabelfrühstück«), pochiertes Ei mit jungen Tintenfischen etwa, dazu einen Schluck Wein. Gegen 14 Uhr genießen Sie ein *menu del día*, ein Drei-Gänge-Menü mit Getränk für 10 bis 15 Euro. Wer mag, verwöhnt sich gegen 18 Uhr mit einem kleinen Snack, einem *berenar* (heiße Schokolade mit Gebäck). Und die Zeit bis zum Abendessen ab 21 Uhr lässt sich mit leichten Tapas und einem Bier ausgezeichnet überbrücken.

LA RIBERA

TYPISCH BARCELONA: KATALANISCHE KÜCHE

BEST OF

Shopping

Barcelona bietet für alle Geschmäcker etwas – Luxusmode, exklusive Boutiquen, Einkaufszentren, Antikmärkte oder traditionelle Läden. An allen Ecken und Enden der Stadt sorgen Geschäfte in *modernista*-Häusern, mittelalterlichen Gassen oder irgendwo am Strand für Einkaufsspaß der Extraklasse.

LA RIBERA

■ Märkte

Auf einem der schönsten Lebensmittelmärkte der Stadt, dem Mercat de Santa Caterina (siehe S. 97) im Viertel La Ribera, bietet das **Olisoliva** *(Stand 153, www.olisoliva.com, 932 681 472)* feinste Olivenöle, Essige und Salze. Wer Kochtöpfe aus Keramik sucht, wird in den traditionellen Läden am Rand des Markts fündig. Im Barri Gòtic findet alljährlich ein riesiger Weihnachtsmarkt statt, der **Fira de Santa Llúcia**. Auf dem **Mercat Obert del Raval** *(Rambla del Raval, Sa und So)* im Viertel El Raval verkaufen junge Designer ihre hippen Kreationen. Probieren Sie an den marokkanischen Ständen unbedingt Pfefferminztee und arabisches Gebäck. Die Fiesta La Mercè, die rund um den Passeig de Gràcia im September gefeiert wird, fällt mit der zweiwöchigen Antik- und Buchmesse **Fira del Libre** zusammen. Und auf dem **Els Encants** *(Placa de les Glories, Mo, Mi, Fr und Sa)*, einem Flohmarkt unweit der Sagrada Família, gehört das Feilschen unbedingt dazu!

■ Exklusivmode

Vitrinen der Top-Designer Spaniens säumen den Passeig de Gràcia im Viertel Eixample. Entdecken Sie **Adolfo Domínguez** *(Nr. 32)*, den Mann, der verkrumpeltes Leinen zum Modehit machte, **Armand Basi** *(Nr. 49)*, der berühmt ist für lässigen Chic, oder Luxusledermode von **Loewe**, ausgestellt im **Casa Lleó Morera** *(Nr. 35)*. Auf dem Passig de Gràcia finden sich auch große internationale Labels wie **Chanel** *(Nr. 70)* oder **Burberry** *(Nr. 56)*.

■ Ausgefallene Stilmode

Die Läden in der Parallelstraße, der Rambla de Catalunya, dominiert ein lässiger Chic, verkörpert durch Stilikone **Antonio Miró** *(Rambla de Catalunya, 125)*. Der König einer neuen kata-

In den Geschäften am Passeig de Gràcia lässt es sich herrlich shoppen.

lanischen Modewelle in den 1980ern setzt auf ein innovatives Ladenkonzept mit »Chill-Out«-Oasen. Seine reduzierte Eleganz hat er inzwischen auf allerlei Accessoires und Öko-Möbel erweitert. **Vinçon** *(Passeig de Gracia, 96)*, das Zentrum für Innenraumgestaltung, untergebracht im Geburtshaus des katalanischen Malers Ramon Casas i Carbó (siehe S. 170), bietet jede Menge Inspiration – vom Korkenzieher bis zum Designermöbel. Im Viertel Gràcia finden Sie Boutiquen, die weniger bekannte Designermarken verkaufen, wie Damenmode von **Lydia Delgado** *(Minerva, 21)* oder **Camiseria Pons** *(Gran de Gracia, 49)* im originalen Ambiente aus dem Jahre 1900.

■ Traditionell & Antik

Familiengeführte Geschäfte finden sich bis heute in den meisten Vierteln. Im Barri Gòtic ist **Alonso** *(Santa Anna, 27)* ziemlich angesagt ebenso wie **La Manual Alpargatera** *(Avinyo, 7)*, wo die traditionellen Sandalen mit Bastsohle *(espardenyes)* handgefertigt werden. Hinter staubigen Fassaden in Gassen wie dem Carrer de la Palla und Carrer Sant Severs finden sich kleine, aber feine Antiquitätenläden. Auf dem **Mercat Gòtic**, der jeden Donnerstag auf dem Vorplatz der Katedhrale stattfindet, lässt sich alles Mögliche preiswert shoppen. Unweit vom Passeig de Gràcia bietet **Guantes Victoriano** *(Mallorca, 195)* eine breite Auswahl an Handschuhen.

PASSEIG DE GRÀCIA

Passeig de Gràcia

Die breiten Prachtstraßen, Passeig de Gràcia und Rambla de Catalunya, bilden das elegante Herzstück des Viertels Eixample. Im frühen 20. Jh. suchte sich die reiche katalanische Bourgeoisie, beziehungsweise die Star-Architekten Antoni Gaudí, Domènech i Montaner und Puig i Cadalfalch, mit Prachtbauten gegenseitig zu überbieten und schuf ein Freilichtmuseum an Meisterwerken, das auch als das Quadrat d'Or (Goldenes Viertel) bekannt ist. Heute finden sich hier jede Menge glamouröser Shops, Kunstgalerien, Hotels und Designhäuser. Im 19. Jh. entwarf der Stadtplaner Ildefons Cerdà eine gitterförmig angelegte Erweiterung der Altstadt, die er an die angegliederten Vororte anschloss, darunter Gràcia am Ende des Passeig de Gràcia. Heute ist Gràcia ein beliebtes Wohnviertel mit vielen trendigen Bars und Restaurants, hat sich aber dennoch seinen dörflichen Charakter bewahrt. Hübsche Plätze, Straßen und ein unkonventionelles Lebensgefühl bilden einen Kontrast zur Grandezza von Eixample.

- 112 **Stadtviertel-Tour**
- 120 **Im Detail: Fundació Antoni Tàpies**
- 122 **Typisch Barcelona:** *modernisme*
- 124 **Best of: Kaffee & Cava**

◀ **Gaudís Casa Batlló zieht die staunende Menge in ihren Bann. Die Säulen aus Sandstein vom Berg Montjuïc sehen aus wie mit menschlichen Knochen geformt.**

BARCELONAS STADTVIERTEL | 111

STADTVIERTEL-TOUR

Passeig de Gràcia

Baumgesäumte Promenaden, attraktive Geschäfte und viele modernista-Gebäude der Stadt verleihen diesem Viertel eine elegante Note.

❻ La Pedrera (Casa Milà) (siehe S. 118–119) An der Ecke zum Passeig de Gràcia steht die Casa Milà, errichtet von Gaudí zwischen 1906 und 1912 als Wohnhaus für die Familie Milà, das bei seiner Eröffnung für größtes Staunen sorgte. Folgen Sie dem Passeig de Gràcia über die Avenida Diagonal durch die Jardins de Salvador Espriu bis zum Carrer Gran de Gràcia. Und weiter zur Plaça del Sol.

❼ Gràcia (siehe S. 119) Dieses quirlige Viertel hat sich auf Plätzen wie der Plaça del Sol sein dörfliches Flair bewahrt. Die vielen Kneipen eignen sich ideal für den Auftakt ins aufregende Nachtleben.

❺ Rambla de Catalunya (siehe S. 117) Dieser beschauliche Boulevard spiegelt seine freundliche Umgebung. Bummeln Sie über den breiten Spazierweg in der Mitte, der beidseits mit Straßencafés gesäumt ist. Kehren Sie gerne ein! Danach geht es weiter über den Passeig de Gràcia und durch die Passatge de la Concepció, eine der typischen modernen Passagen in Eixample.

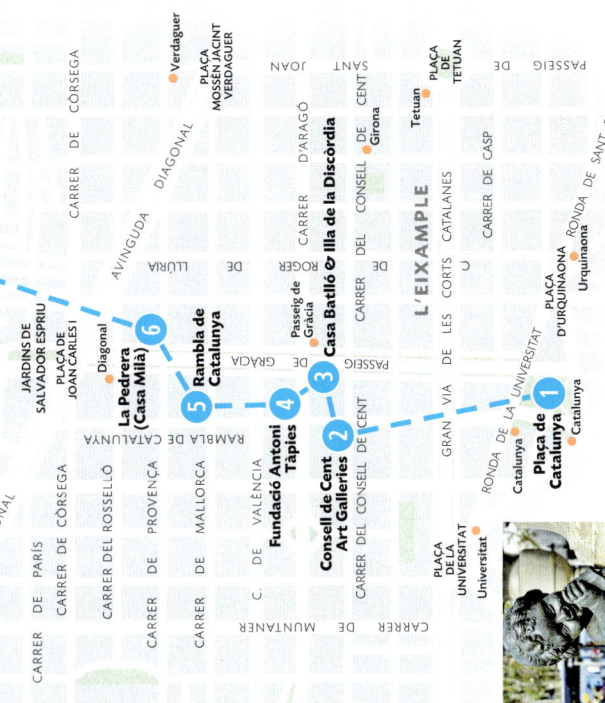

❹ Fundació Antoni Tàpies

(siehe S. 120–121) Der katalanische Künstler gründete die Stiftung Fundació Antoni Tàpies, um eigene Werke sowie andere zeitgenössische Kunst in diesem ersten *modernista*-Gebäude in Barcelona auszustellen. Nach wenigen Metern auf dem Carrer de l'Aragó biegen Sie in die Rambla de Catalunya ab.

❸ Casa Batlló & Illa de la Discòrdia

(siehe S. 116–117) Der Häuserblock (*illa*) Ecke Passeig de Gràcia und Carrer de l'Aragó heißt »Block der Zwietracht« wegen seiner konträren Bauten. Biegen Sie links in den Carrer de l'Aragó ein.

❷ Consell de Cent

(siehe S. 115) Entlang der Straße, gesäumt von privaten Kunstgalerien, gewinnen Sie einen Eindruck von den neuesten Trends in der Kunstszene. Zurück auf dem Passeig de Gràcia biegen Sie nach links ab.

❶ Plaça de Catalunya

(siehe S. 114–115) Dieser große Platz ist symbolischer und geografischer Mittelpunkt der Stadt. Er markiert die Grenze zwischen der Altstadt und dem im 19. Jh. angelegten Viertel Eixample. Vom nördlichen Ende aus folgen Sie dem Passeig de Gràcia hinauf bis zur Kreuzung Carrer del Consell de Cent und dann links.

PASSEIG DE GRÀCIA

PASSEIG DE GRÀCIA STRECKE: 3,5 KM DAUER: ETWA 7 STD.
START: METRO CATALUNYA ODER URQUINAONA

STADTVIERTEL-**TOUR**

Plaça de Catalunya

1 Frühstücken Sie im **Café Zurich** *(Placa de Catalunya, 1)*, von wo aus Sie einen tollen Blick auf diesen geschäftigen, zentralen Platz genießen. Als Verkehrsknotenpunkt befinden sich an der Plaça de Catalunya die Endhaltestellen der Shuttle-Busse zum Flughafen, der Busbahnhof für Stadtrundfahrten sowie das Haupttouristenbüro. Auf diesem großen Platz im Zentrum der Stadt mit seinem sternförmigen Pflasterstein-Mosaik, begrenzt von Reiterstatuen und Brunnen, jagen Kinder den Tauben nach, und Familien kommen zum Picknick her. Am Abend ist der Platz Treffpunkt für Nachtschwärmer, Paare sitzen unter der Macià-Statue, die Francesc Macià ehrt, den einstigen Präsidenten des Generalitat de Catalunya (Autonomen Gemeinschaft Kataloniens). Josep Maria Subirachs, von dem diese Skulptur stammt, gestaltete auch die Passions-Fassade der **La Sagrada Família** (siehe S. 136–139). Die großen Gebäude rings um den Platz waren einst Teil historischer Ereignisse – der Apple Store war

Die Plaça de Catalunya mit ihren Statuen und Brunnen wurde in den 1920ern entworfen.

im Bürgerkrieg das Hauptquartier der Sozialistischen Partei. Zu den neueren Bauten gehören das Einkaufszentrum El Triangle und eine Filiale von El Corte Inglès. Auf dem Passeig de Gràcia lohnt sich ein Blick nach unten zu den sechseckigen Fliesen auf dem Gehsteig, die Gaudí für die Casa Batlló entworfen hat.

Plaça de Catalunya • Metro: Catalunya oder Urquinaona

CLEVER **REISEN**

Sparen Sie sich stundenlanges Schlangestehen, indem Sie Tickets für La Sagrada Família, Casa Batlló, Casa Milà, Museu Picasso oder Palau de la Música vorab online kaufen. Folgen Sie den Anweisungen auf der entsprechenden Website. Sie können die Tickets dann entweder ausdrucken oder Sie an den ServiCaixa-Automaten in allen Filialen der La Caixa Bank ziehen.

Consell de Cent

2 Diese für Eixample typische Straße hat eine höhere Dichte an Kunstgalerien als jedes andere Viertel. In der Galerie **Sala Dalmau** *(Nr. 349)* gibt es regelmäßig Wechselausstellungen. Gegründet 1979, zeigt sie Avantgarde-Kunst des frühen 20. Jh. bis hin zur Neuzeit. Zu nennen sind hier insbesondere Le Corbusier (Architekt) und Torres García, ein uruguayisch-spanischer Maler des Konstruktivismus, der zur Gruppe Els Quatre Gats gehörte (siehe S. 104).

Die **Galeria Carles Taché** *(Nr. 290)* zeigt eine breite Palette von Künstlern: von den spanischen Malern Eduardo Arroyo und Antonio Saura bis hin zum katalanischen Plastik-Künstler Joan Brossa. Brossas Kunst ist in Barcelona allgegenwärtig – vor der großen Kathedrale findet sich eine Skulptur aus sechs großen Buchstaben, die das Wort *barcino* ergibt, den römischen Namen der Stadt. Der irisch-amerikanische Maler Sean Scully, der britische Bildhauer Tony Cragg und die britische Künstlerin Cornelia Parker sind alle hier vertreten. Besuchen Sie auch die Galerie **Eude** *(Nr. 278)*, wo moderne Drucke, Fotografien und Kunstinstallationen zu sehen sind, oder die **Àmbit Galeria d'Art** *(Nr. 282)* mit Werken führender katalanischer Künstler. Die meisten Galerien haben werktags von 10 bis 14 Uhr und von 17 bis 20.30 Uhr geöffnet, sonntags sind sie zu. Neueröffnungen finden traditionell am Donnerstagabend statt.

Consell de Cent • Metro: Passeig de Gràcia oder Catalunya

STADTVIERTEL-**TOUR**

Casa Batlló & Illa de la Discòrdia

❸ Diese *illa*, ein typischer Häuserblock in Eixample, zeigt die stilistische Bandbreite, die herausragende Architekten der *modernisme*-Bewegung beim Bau der Häuser für ihre wohlhabende Kundschaft an den Tag legten. Gewöhnliche Gebäude aus dem 19. Jh. wurden umgebaut, um dieses dreiteilige Ensemble zu schaffen. An der Ecke steht die kunstvoll verzierte **Casa Lleó Morera** *(Nr. 35)* von Lluís Domènech i Montaner. Der Schokoladenhersteller Antoni Amatller beauftragte Puig i Cadafalch mit der Gestaltung von **Casa Amatller** *(Nr. 41)* im neo-gotischen Stil, dem oft bauhistorischen Vorbild des *modernisme*, und fügte flämische Details hinzu, wie die gestufte Fassade, gedeckt mit juwelenartigen Keramiken – einem mittelalterlichen Bildteppich gleich. An der **Casa Batlló** *(Nr. 43, www.casabatllo.es, 934 870 315, €€€€€)* lohnt es sich, für eine audiovisuelle Führung durch Gaudís Meisterwek anzustehen. Futuristische Konstruktionen zur Kühlung und natürlichen Beleuchtung der Räume sind integrale Bestandteile der Innenraumgestaltung. Die leuchtend blauen Keramiken im Stiegenhaus werden zum Dach hin unmerklich dunkler, sodass es auf jeder Etage gleichmäßig hell ist. Bestaunen Sie das Büro von Señor Batlló mit der offenen Kaminecke und den kunstvoll geschnitzten Türen ebenso wie die Gewölbebogen im Dachstuhl (die dem Brustgerippe von Fabelwesen ähneln) und das Design des Handlaufs im Treppenhaus. Verpassen Sie auch nicht die außergewöhnliche

An der Fassade der Casa Batlló leuchten Keramiken und Glaskacheln um die Wette. Die Balkone ähneln Karnevalsmasken.

Dachterrasse, denn das gesamte Dach ist wie der Rücken eines Drachens geformt – offenbar von der Legende des hl. Georg inspiriert. Bevor Sie das Haus verlassen, werfen Sie einen Blick auf das »Haus der Knochen« mit seinen wie aus dürren Knochen geformten Balkonen.

Passeig de Gràcia zwischen Carrer del Consell de Cent und Carrer de l'Aragó • Metro: Passeig de Gràcia

Fundació Antoni Tàpies

4 Siehe S. 120–121.

Aragó, 255 • www.fundaciotapies.org • Tel. 934 870 315 • €€ • geschl. Mo, 1./6. Jan, 25. Dez • Metro: Passeig de Gràcia

Rambla de Catalunya

5 Auf dieser Promenade, die das hippe Viertel Eixample durchschneidet, herrscht eine ganz andere Atmosphäre. Ein breiter, von Platanen gesäumter Mittelstreifen und wenig Verkehr verleihen der Straße eine beschauliche Gemütlichkeit. Besuchen Sie die neueste Ausstellung in der **Galería Joan Prats** *(Nr. 54)*, gegründet 1976 und noch immer ein wichtiger Ort der Kunstszene. Bummeln Sie durch angesagte Läden wie **Zara Home** *(Nr. 67)*, **Promod** *(Nr. 80)* oder **Muji** *(Nr. 81)*. **Groc** *(Nr. 100)*, das Geschäft des legendären Designers Toni Miró, verkauft ausschließlich maßgeschneiderte Männermode. Wenige Meter weiter befindet sich der Flagship-Store von **Antonio Miró** *(Nr. 125)* mit seiner kompletten Kollektion (siehe S. 108–109). Für ein entspanntes Einkaufserlebnis sorgt das elegante, klimatisierte Shopping-Center **Bulevard Rosa** *(Nr. 66)* mit seinen vielen Boutiquen, darunter **Beatriz Furest** (Handtaschen) oder **Bóboli** (Kindermoden).

Rambla de Catalunya • Metro: Catalunya, Passeig de Gràcia oder Diagonal; FGC: Provença

GUT **ESSEN**

■ EL JAPONÉS
Ausgezeichnetes Essen in Designer-Ambiente bietet dieser Japaner. Auf der Karte stehen Ceviche, Sushi und *kushiyaki* (Garnelenspieße). **Passatge de la Concepció, 5, Tel. 934 872 592, €€€**

■ PONSA
Typisch katalanisches Lokal in der schönsten Straße von Eixample. Unbedingt probieren: *espinacs a la catalana* (Spinat mit Rosinen und Pinienkernen) oder *fricandó* (Rindfleisch in herzhafter Sauce). **Enric Granados, 89, Tel. 934 531 037, €€**

■ TAPAS 24
Steigen Sie hinab in das kleine Kellerlokal, um die köstlichen Kreationen von Carles Abellan zu genießen: traditionelle Tapas, neu interpretiert. **Diputació 269, Tel. 934 880 977, €€€**

PASSEIG DE GRÀCIA

STADTVIERTEL-**TOUR**

La Pedrera (Casa Milà)

6 Nehmen Sie Platz auf einer der *trencadís*, weißen Mosaik-Bänken, die entlang dem Passeig de Gràcia stehen. Entworfen von Pere Falqués 1906, bieten die Bänke eine gute Sicht auf die Details von Gaudís Casa Milà: vom gewundenen Haupteingang aus Eisen und Glas über verschnörkelte, eiserne Balkone bis hin zu schraubenförmigen Schornsteinen, die das kurvige Dach überragen. Versuchen Sie doch einmal (vergeblich), eine einzige gerade Linie in den geschmeidigen Schwüngen der Fassade auszumachen, welche an einen vom Meer ausgewaschenen Felsen erinnert. Da das Gebäude den Eindruck erweckt, aus Stein gehauen zu sein, ist es unter dem Namen La Pedrera, »Steinbruch«, bekannt. Eine Besichtigung führt Sie auf das Dach, wo, skulpturengleich, die prominenten Schornsteine und kunstvolle Lüftungsschächte emporragen. Genießen Sie von hier oben freie Sicht auf die **Sagrada Família**. Das bemerkenswerte Dachgewölbe mit seinen steinernen Parabelbögen, ähnlich denen der **Casa Batlló**, beherbergt die **Espai Gaudí**, eine permanente Ausstellung, in der Sie die Komplexität Gaudís und seiner Werke verstehen und

Auf dem welligen Dach von La Pedrera finden auch Konzerte statt.

schätzen lernen werden. Anschließend können Sie seine Genialität in einer typischen Wohnung bewundern – **El Pis** wurde im frühen 20. Jh. für eine gehobene Familie möbliert und dekoriert. Fortschrittliche technische Details verblüffen ebenso wie das Raumgefühl, das die nicht-tragenden Wände hervorrufen. Wer nicht viel Zeit für eine ausführliche Besichtigung hat, kann praktischerweise bei gelegentlichen, kostenlosen Ausstellungen im Erdgeschoss einen Blick auf die Haupttreppe sowie weitere Details des *principal* werfen.

Provença, 261 • www.lapedrera.com • Tel. 902 202 138 • €€€€ • geschl. 25. Dez • Metro: Diagonal; FGC: Provença

> **HINTERGRUND**
>
> Besuchen Sie die Casa Fuster *(Passeig de Gràcia, 132)*, das letzte Gebäude, das Domènech i Montaner entworfen hat. Erbaut zwischen 1908 und 1911, galt es als das teuerste Haus Barcelonas. Der reiche Mallorquiner Mariano Fuster schenkte es seiner Ehefrau. Heute ist es ein Hotel, wo im Café Vienés regelmäßig Jazzkonzerte stattfinden. Machen Sie einen kleinen Abstecher, um das luxuriöse Dekor zu sehen, das an Montaners Palau de la Música Catalana erinnert (siehe S. 96–97).

Gràcia

7 Enge Straßen mit kleinen Läden und hübsche Plätze voller Café-Terrassen verleihen dem Viertel Gràcia seinen unverwechselbaren Charakter. Auf der **Plaça de la Vila de Gràcia**, die von einem 33 m hohen Glockenturm aus dem Jahre 1862 (der heute das Amtsgebäude des Viertels ist) überragt wird, können Sie während der Stadtfeste die *castells* und *gegants* erleben, hauptsächlich Mitte August während der berühmten *festa major* (siehe S. 88–89). Folgen Sie dem Carrer de Mariana Pineda bis zur Plaça del Sol, dem heimlichen Hauptplatz Gràcias und beliebter Treffpunkt bei Jung und Alt. Erkunden Sie die Gassen rings um den Platz, wo sich Werkstätten für traditionelle Handwerkskunst und stilvolle Mode-Boutiquen aneinanderreihen, darunter El Piano Tina Garcia *(Verdi, 20)*, winzige Juwelierläden wie Freya *(Verdi, 17)* und Läden für Vintage-Mode. Lassen Sie den Tag mit einem kühlen *canya* (kleines Fassbier) auf der Terrasse des Café del Sol *(Plaça del Sol, 16)* ausklingen. Für Kino-Fans gibt es das Cines Verdi *(Verdi, 32)*, wo Filme in Originalfassung gezeigt werden.

Metro: Diagonal oder Fontana; FGC: Gràcia

IM **DETAIL**

Fundació Antoni Tàpies

Ein Industriebau aus Stein und Eisen gibt der Sammlung eines der bedeutendsten zeitgenössischen Künstler Kataloniens ihren Rahmen.

Tàpies' Skulptur »Stuhl und Wolke« ragt vom Dach des alten Verlagshauses empor.

Antoni Tàpies (1923–2012), Freund und Bewunderer Mirós, ist Spaniens bekanntester Künstler der Neuzeit. Die Stiftung, gegründet 1990 vom Künstler persönlich, zeigt eine ständige Ausstellung seiner Werke nebst einem innovativen Programm temporärer Ausstellungen zur Gegenwartskunst, die seine große Hinwendung zu Pluralismus und Vielfalt zeigen. Beginnen Sie Ihren Rundgang draußen, wo Sie von der Straßenseite gegenüber das imposante *modernista*-Gebäude in Gänze bewundern können.

■ Gebäude

Der Künstler hat dieses Gebäude mit Bedacht gewählt, denn der einfache rötliche Backsteinbau mit den Metallstreben feiert den katalanischen *modernisme*. Erbaut wurde es einst als Verlagshaus für den Verlag Montaner i Simon. 1880 von Lluís Domenech i Montaner entworfen, wurde es mit seinen eleganten Linien und zahllosen arabischen Motiven bald zum Wahrzeichen von Eixample. Tàpies' später angebrachte Skulptur »**Wolke und Stuhl**« scheint über dem Gebäude zu schweben – Symbol künstlerischer Kontemplation, ein Leitkonzept Tàpies'. In der riesigen Drahtspirale befindet sich außerdem ein überdimensionaler Stuhl, der den Blick in höhere Ebenen lenkt.

■ Werk

Das geräumige Innere des Gebäudes, das von schmiedeeisernen *modernista*-Pfeilern gestützt ist, wo sich einst Büros und schwere Druckmaschinen befanden, bietet die perfekte Kulisse für Tàpies' Werke. Eine Auswahl an Exponaten aus seiner großen Sammlung wechselt regelmäßig. Beginnen Sie im Videosaal im Untergeschoss, wo Dokumentarfilme Einblicke in sein

HINTERGRUND

Ganz oben befindet sich eine der friedvollen Dachterrassen, die für Eixample typisch sind. In ihrer Mitte steht »*Mitjó*«, eine Skulptur in Form einer Socke. Mit ihr bringt Tàpies die beiden Seiten der katalanischen Volksseele, *seny* und *rauxa* (siehe S. 72), auf den Punkt: die Metaphysik der Kunst, während man, zumindest mit einem Bein, fest auf dem Boden steht.

Leben und Schaffen geben. Tàpies selbst war ebenso Alchimist wie Künstler, verwandelte Alltagsobjekte in mysteriöse Kunstwerke. »**Porta metàlica i violí**« (Kreuz und Violine), zu sehen im 1. Obergeschoss, zeigt einen zugezogenen Eisenrollladen mit aufgetragenem Kreuz und Violine, wobei das Kreuz vermutlich für die religiöse Strenge seiner Kindheit steht.

Unter Francos Regime wurden politische Botschaften buchstäblich auf Wände geschrieben. Seinen eigenen Widerstand drückte Tàpies dadurch aus, dass er Wörter und geheimnisvolle Zeichen in die Oberfläche seiner Werke hineinkratzte. Buchen Sie eine Führung durch die Bibliothek, wo Tàpies' private Buchsammlung in den Originalregalen des historischen Verlagshauses steht.

Aragó, 255 • www.fundaciotapies.org • Tel. 934 870 315 • €€ • geschl. Mo, 1./6. Jan, 25. Dez • Metro: Passeig de Gràcia

TYPISCH **BARCELONA**

Modernisme

Der *modernisme* entstand in Barcelona Ende des 19. Jh., etwa zur selben Zeit wie der Jugendstil. Der klassizistischen Strenge setzen die *modernista*-Künstler fließende, von der Natur inspirierte Formen entgegen. Daneben lieferte den Vertretern des *modernisme*, die Verfechter des katalanischen Nationalismus waren, die mittelalterliche Baukunst wichtige Anregungen. Der *modernisme* hat der Stadt einen unverwechselbaren Stempel aufgedrückt.

PASSEIG DE GRÀCIA

Die stufige Dachfassade der Casa Amatller (oben). Erbaut von Josep Puig I Cadafalch 1900 zeigt sie eine für den *modernisme* typisch bunte Kachelfassade. In der Bar im Palau de la Música Catalana (gegenüber) sind ebenfalls bunte Kacheln und Keramikformungen zu sehen.

Architektur
Der Aufstieg des *modernisme* fiel zeitlich mit der Industriellen Revolution und dem Bau des Viertels Eixample zusammen. Reiche Industrielle beauftragten junge *modernista*-Architekten mit dem Bau von Häusern im neuen Viertel. Das **Quadrat d'Or** (Goldenes Viertel) rund um den Passeig de Gràcia prunkt mit architektonischen Glanzstücken, von der **Illa de la Discòrdia** und der **Casa Milà** (siehe S. 116–119) bis zu weniger bekannten Bauten wie dem neo-gotischen **Palau del Baró de Quadras** *(Diagonal, 373)* von Puig i Cadafalch oder die **Casa Thomas** von Domènech i Montaner *(Mallorca, 293)* mit Keramikdetails und dekorativem Mauerwerk. Im Möbelgeschäft im Untergeschoss können Sie sich selbst ein Bild machen.

Dekorative Kunst
Die drei führenden Architekten Antoni Gaudí, Lluís Domènech i Montaner und Josep Puig i Cadafalch engagierten fähige Handwerker, um Mauerwerk und Treppenwände kunstvoll auszu-

gestalten: Keramik auf Wandverkleidungen und Schornsteinen, Fenster aus Schmiedeeisen und Glas, einzigartige Türen und Lampen. Der **Palau de la Música Catalana** von Domènech i Montaner (siehe S. 96–97) zeigt in einem Gebäude verschiedene Dekorschichten. Bummeln Sie durch Eixample und linsen Sie in die Hauseingänge, um das reiche Design und die mit Buntglas umschlossenen Balkone zu sehen. Gaudí entwarf auch Möbel, zu sehen in der **Casa Batlló** (siehe S. 116–117), orientierte sich dabei an natürlichen, organischen Formen. Besuchen Sie das **Museu del Modernisme Català** (siehe S. 143), ein *modernista*-Haus von Enric Sagnier, wo Möbel, Gemälde und Skulpturen zu sehen sind, die – wer weiß? – vielleicht aus einem dieser Häuser stammen.

MODERNISTA-GEBÄUDE

Weniger bekannt sind:

Antigua Casa Figueras Schokoladengeschäft mit bunter Jugendstil-Fassade. **La Rambla, 83**

Casa Vicens Frühes Gaudí-Haus mit hellen Kacheln. **Carolines, 24**

Central Catalana d'Electricitat Industrie-Architektur. **Vilanova, 12**

Els Quatre Gats Treffpunkt für Künstler. **Montsió, 3**

Hospital de la Santa Creu i Sant Pau Ehemaliges Spital (siehe S. 130–131). **Sant Antoni Maria Claret, 167**

PASSEIG DE GRÀCIA

TYPISCH BARCELONA: MODERNISME

BEST OF

Kaffee & Cava

Die Bars in Barcelona dienen je nach Tageszeit als Café, Imbiss, Restaurant oder Kneipe. Sie servieren den ersten Kaffee am Morgen, den *vermut* zum Mittagessen, *cava* und Tapas am Abend und den Absacker spät nachts.

■ Gut gestärkt in den Tag

Viele Einheimische frühstücken in einer Bar auf dem Weg zur Arbeit oder begeben sich am Vormittag kurz in das nächste Café auf einen starken *solo*. Tun Sie es Ihnen nach, im **Café Zurich** (siehe S. 114) etwa auf dem Passeig de Gràcia. Oder Sie schauen im **Bracafé** vorbei, das überall in der Stadt Filialen hat. Die beste liegt unweit vom Passeig de Gràcia am Carrer de Casp *(Casp, 2)* und bietet schon ab 6.30 Uhr vollmundigen brasilianischen Kaffee. Es eröffnete 1929 zur Weltausstellung und ist bei den Börsianern beliebt. Versteckt hinter dem CCCB (siehe S. 65) in El Raval liegt die **C3Bar** *(Montalegre, 5)* mit einer tollen Sonnenterrasse. Im stimmungsvollen **Cafè de l'Òpera** *(La Rambla, 74)* lässt es sich morgens bei einer Tasse Kaffee an einem Marmortisch gemütlich in der Zeitung lesen. Am frühen Abend geht es hier weniger ruhig zu, wenn die Opernbesucher von der Rambla auf einen Drink vor Beginn der Aufführung kommen.

■ Tagsüber

Eine der urtypischsten Bars im Viertel Gràcia (siehe S. 119) ist das **Roure** *(Luis Antunez, 7)*, wo emsige Bedienungen in gestärkten weißen Hemden aussehen wie zur Eröffnung 1889. Auf der Rambla gibt es in traditionellen Bars jederzeit ein kühles Bier, wie zum Beispiel im **Castells** *(Plaça Bonsucces, 1)*. Gesellen Sie sich zu den Stammgästen an der Marmortheke und bestellen Sie einen Teller *pernil iberic* (Schinken) oder *truita* (Omelett mit Spinat, Kartoffeln oder Auberginen). In der familiengeführten **Bar del Pi** *(Placa Sant Josep Oriol, 1)* im Barri Gòtic mit ihrer schönen Theke genießt man ein angenehm zeitloses Ambiente, wenngleich die meisten Gäste einen Tisch draußen auf dem malerischen Platz bevorzugen. Wer auf der Tour durch La Ribera eine kleine Verschnaufpause einlegen möchte, kann dies im kleinen, rundum gekachelten **El Xampanyet** (siehe S. 30) nahe dem Museu Picasso tun, wo seit 1929 *cava* serviert wird.

Cava, Kaffee, Bier und Tapas gibt es zu jeder Tageszeit im El Xampanyet.

■ COCKTAIL HOUR & LATE NIGHT
Wenige Meter vom Passeig de Gràcia entfernt, rangiert das **Dry Martini** *(Aribau, 162)* Jahr für Jahr unter den Top-50-Bars der Welt. Die Einrichtung aus Leder, Holz und Messing, weiß befrackte Kellner und dazu jede Menge trockene Martinis sind die Ingredienzien, die ihm seinen einzigartigen Charme verleihen. Mitten im Viertel Eixample, nicht weit vom Passeig de Gràcia, liegt das **Hotel Alma** *(Mallorca, 271)*. An lauen Abenden lädt der grüne Innengarten auf einen Drink ein. **Ginger** *(Lledo, 2)*, im Herzen des Barri Gòtic, bietet die Gemütlichkeit und den Komfort eines Privatclubs – probieren Sie zum Drink unbedingt ein paar Tapas. Locker und ausgelassen geht es im schicken **Eclipse** *(Placa de la Rosa dels Vents, 1, 932 952 800)* im 26. Stock des W-Hotels am Hafen zu. Mischen Sie sich unter den Jetset und genießen Sie von hier oben eine der besten Aussichten auf die Stadt, bis 4 Uhr früh am Wochenende und bis 2 Uhr früh von Montag bis Donnerstag. Nach 23 Uhr wird es richtig voll, weshalb Sie reservieren sollten. Unweit vom Montjuïc, im Viertel Poble Sec, lohnt ein Besuch in der kleinen, aber feinen **Xixbar** *(Rocafort, 19)*, einer hübsch umgebauten Molkerei.

LA SAGRAGA FAMÍLIA BIS PARK GÜELL

La Sagrada Família bis Park Güell

In diesem Teil von Eixample kontrastiert zeitgenössische Architektur mit *modernista*-Meisterwerken. Die Torre Agbar von Jean Nouvel steht für das moderne Barcelona, während Gaudís Park und Kathedrale als die Architekturikonen der Stadt gelten. Die Türme der Sagrada Família überragen ein Viertel, das mitten in einer urbanen Erneuerung steckt. Im Hospital San Pau, einem *modernista*-Komplex von Lluís Domènech i Montaner, wird ein neues Kulturzentrum eingerichtet, und die Plaça de les Glòries bildet das Tor zu 22@, einem neuen, modernen Geschäftsviertel. Neben der schillernden Torre Agbar soll das Designmuseum DHUB zu einem weiteren modernen Wahrzeichen der Stadt werden. Indes zieht im Norden des Viertels Gaudís märchenhafter Park nach wie vor Besucherscharen an.

128 Stadtviertel-Tour

136 Im Detail: La Sagrada Família

140 Typisch Barcelona: Parks & Gärten

142 Best of: Kleine Museen

◐ **Die Sagrada Família wird einmal viele Türme haben: zwölf für die Apostel, vier für die Evangelisten, einen für die Jungfrau Maria und einen zentralen Turm für Jesus Christus.**

STADTVIERTEL-TOUR

La Sagrada Família bis Park Güell

In den Straßen rund um die La Sagrada Família finden sich architektonische Wunderwerke aus dem 19., 20. und 21. Jahrhundert im Überfluss.

❶ La Sagrada Família (siehe S. 136–139) Die Kathedrale ist als architektonisches Meisterwerk berühmt, obgleich die Bauarbeiten noch im Gange sind. Vom C. de Provença aus folgen Sie der Av. Gaudí bis zum Ende.

❷ Hospital de la Santa Creu i Sant Pau (siehe S. 130–131) Domènech i Montaner entwarf diesen Krankenhauskomplex als Gartenstadt. Auf dem Weg vom C. de Sant Antoni Maria Claret zum Passeig de Sant Joan kaufen Sie fürs Picknick ein. Biegen Sie dann rechts auf die Plaça Joanic ein, von dort nehmen Sie den Bus zum Park Güell.

❸ Park Güell (siehe S. 131–133) Palmen, Pinien und Eichen mischen sich in diesem Park mit Gaudís märchenhafter Architektur. Folgen Sie der Beschilderung zur Casa Museu Gaudí.

❹ Casa Museu Gaudí (siehe S. 133) In diesem Haus lebte Gaudí 19 Jahre lang bis zu seinem Tod. Mit der Metro, Linie 3, geht es weiter zur Pl. Catalunya. Dort steigen Sie in Linie 1 um und fahren bis Glòries.

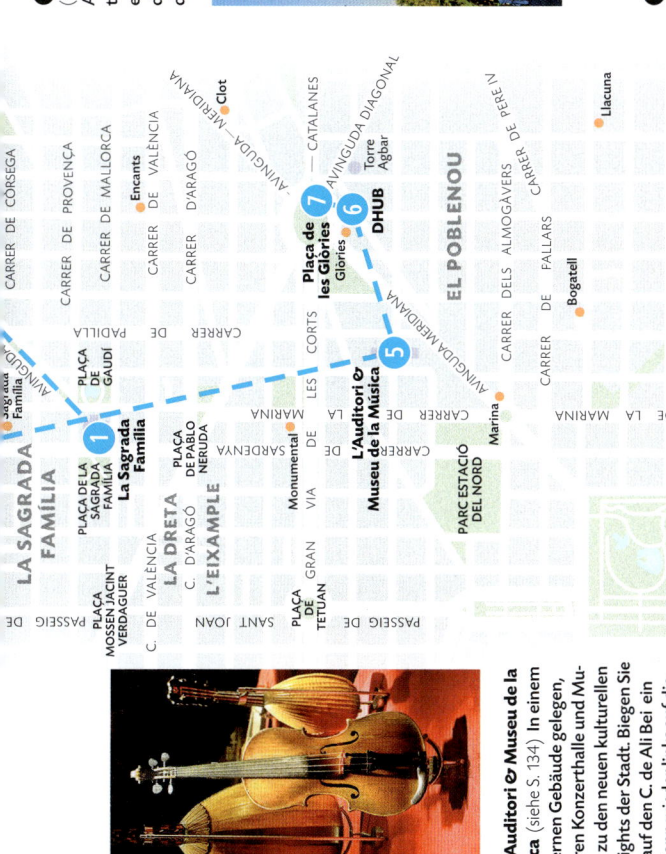

7 Plaça de les Glòries (siehe S. 135) Die Torre Agbar hat 4500 Fenster, die tagsüber die Innenräume erhellen. Doch sobald es dunkel wird, gehen Tausende Lichter an...

6 DHUB (siehe S. 134) Die brutalistische Architektur des neuen Designmuseums setzt Maßstäbe. Die grüne Oase ringsum und ein künstlicher See geben dem Areal ein ruhiges und warmes Ambiente.

5 L'Auditori & Museu de la Música (siehe S. 134) In einem modernen Gebäude gelegen, gehören Konzerthalle und Museum zu den neuen kulturellen Highlights der Stadt. Biegen Sie links auf den C. de Ali Bei ein und dann wieder links auf die Av. Meridiana.

**LA SAGRADA FAMÍLIA BIS PARK GÜELL STRECKE: ETWA 8 KM
DAUER: ETWA 9 STD. START: METRO SAGRADA FAMÍLIA**

LA SAGRADA FAMÍLIA BIS PARK GÜELL

STADTVIERTEL-**TOUR**

La Sagrada Família

1 Siehe S. 136–139.

Mallorca, 401 • www.sagradafamilia.org • Tel. 935 132 060 • €€€ (ohne Audioguide oder Zugang zu den Türmen) • Metro: Sagrada Família

Hospital de la Santa Creu i Sant Pau

2 Besichtigen Sie einige Gebäude des Hospital de la Santa Creu i Sant Pau im Rahmen einer Führung oder Sie bummeln durch die Straßen und erkunden die Gärten in Ihrem eigenen Tempo. Die Anlage dürfte zu den am wenigsten bekannten *modernista*-Sehenswürdigkeiten Barcelonas zählen – sie war ursprünglich ein Krankenhaus und konnte bis vor Kurzem nicht einfach so besichtigt werden. 2009 zogen die medizinischen Einrichtungen in einen modernen

Roter Backstein und bunte Keramik schmücken Kuppeln und Türmchen des Hospitals.

Komplex, und Denkmalpfleger und Historiker konnten die künstlerische und architektonische Pracht des früheren Hospitals restaurieren.

Der Architekt Lluís Domènech i Montaner entwarf das Hospital als Ort der Zuflucht und Heilung für Menschen, die an der Pest oder anderen ansteckenden Krankheiten litten. Sein Konzept bestand aus einer Gruppe einzelner pavillonartiger Krankenstationen, die unterirdisch miteinander verbunden waren, um dem Pflegepersonal den Krankentransport zu erleichtern. Domènech i Montaner glaubte an den therapeutischen Wert von Licht und schönem Ambiente. Wenn Sie an der Führung teilnehmen, werden Sie bemerken, dass jedes Gebäude anders gestaltet ist. Hübsch sind auch die Rosen- und Kräutergärten zwischen einzelnen Gebäuden in den engen Gassen: Sie sollen den Eindruck eines Städtchens erwecken. Besuchen Sie auch die Kirche, die nach wie vor genutzt wird; im Inneren bewachen zwei Löwen die Alabasterstufen, die zu den Kanzeln hinaufführen. Die Bauzeit des Klinikkomplexes zog sich lange hin (von 1901 bis 1930), weshalb der Sohn des Architekten die Arbeiten vollenden musste.

Nach Abschluss der Restaurierungsarbeiten (für 2017 geplant) werden Forschungs- und Kulturvereine die Pavillons des ehemaligen Krankenhauses beziehen.

Sant Antoni María Claret, 167 • www.barcelonaturisme.com/L-Hospital-de-la-Santa-Creu-i-Sant-Pau • Tel. 933 177 652 • geschl. 1./6. Jan, 25./26. Dez • Führungen auf Englisch täglich um 10, 11, 12 und 13 Uhr • Metro: Hospital de Sant Pau

Park Güell

3 Erklimmen Sie den steilen Hügel entweder zu Fuß oder nehmen Sie einen Bus hinauf zu den oberen Hängen Barcelonas, um Gaudís wunderbares Geschenk an die Stadt und ihre Bewohner zu besuchen – den Park Güell. 1902 beauftragte der Industrielle Eusebi Güell Gaudí, eine Gartenanlage zu

CLEVER **REISEN**

Nach jüngsten Bedenken, die Massen der Besucher könnten Kunstwerke und Pflanzen des Park Güell beschädigen, hat die Stadt nun eine Eintrittsgebühr (mit Aufschlag für die Casa Museu Gaudí) erhoben und die Besucherzahl für die beliebtesten Teile des Parks auf 800 Personen begrenzt. Der Park mag überlaufen erscheinen, aber ganz oben, in der Nähe der Kapelle, ist es recht ruhig.

STADTVIERTEL-**TOUR**

Die Sala Hipóstila im Park Güell; vom Dach genießt man eine grandiose Aussicht.

entwerfen, wo wohlhabende Bürger Land erwerben und Häuser mit grandiosem Ausblick errichten konnten. Für die Bewohner sollte es eine eigene Markthalle, eine Plaza und eine Kapelle geben. Doch es fanden sich nicht genügend Investoren, und letztlich kaufte die Stadt das Land und machte den Park öffentlich (siehe S. 140).

Gaudís lebhafte Fantasie erschuf hier eine stimmungsvolle Folge von Terrassen und unterschiedlichen Gebäuden. Zu beiden Seiten des Eingangstores stehen leuchtbunte Pavillons, die ursprünglich als Pförtnerhäuschen gedacht waren und vermutlich vom Märchen Hänsel und Gretel inspiriert sind. Steigen Sie dann die Treppe zum ersten Plateau hinauf, die von dem berühmten und viel fotografierten Drachen des Parks bewacht wird. Beachten Sie die *trencadís*, die Bruchkeramik, die die Oberflächen schmückt – ein Markenzeichen

Gaudís. Am oberen Ende der Treppe bildet die als Markthalle gedachte Sala Hipóstila einen majestätischen Raum, der von über 80, teils einwärts geneigten dorischen Säulen gestützt wird. Das wellenförmige Dach trägt eine weitere Topattraktion des Parks, eine sich in Schlangenlinien windende Bank, die bei imposantem Ausblick zum Plaudern oder Picknicken einlädt.

Olot, 5 • €€ • Metro: Lesseps; Bus: 24 , 31, 32

Casa Museu Gaudí

4 Versäumen Sie im Park Güell nicht die hübsche rosafarbene *torre* (freistehendes Haus), entworfen von Gaudís Freund und Kollegen Francesc Berenguer i Mestres. Gaudí lebte hier von 1906 bis 1925. Er kaufte die *torre rosa*, die ursprünglich als Musterhaus für die auf dem Parkgelände geplante Wohnanlage (siehe S. 131–132) gedacht war, und zog, nachdem klar war, dass die übrigen 60 Häuser nicht gebaut werden würden, mit seinem Vater und seiner Nichte hier ein.

Betrachten Sie die Außenfassade des dreigeschossigen Hauses und vergleichen Sie den spitz zulaufenden Turm und die geraden Linien mit Gaudís geschwungenen Designs im Rest des Parks. Zu sehen sind Beispiele des Mobiliars, das Gaudí für die **Casa Calvet** und die **Casa Batlló** entwarf (siehe S. 116–117), ebenso wie inspirierende Pläne und Zeichnungen mit fließenden Formen. Im Obergeschoss ist Gaudís Schlafzimmer zu sehen, mit Gebetsbuch neben dem schlichten Bett. Seine Totenmaske, die ebenfalls ausgestellt ist, vervollständigt die ehrwürdige Hommage an den großen Architekten.

Die schlichten Linien von Gaudís Wohnhaus kontrastieren mit seinen extravaganten Entwürfen für den Park Güell.

Carmel • www.casamuseugaudi.org • Tel. 932 193 811 • €€ • Metro: Lesseps; Bus: 24, 31, 32

STADTVIERTEL-**TOUR**

GUT ESSEN

■ ALKIMIA
Wer Haute Cuisine genießen möchte, reserviert einen Tisch im mit einem Michelin-Stern prämierten Alkimia. Starkoch Jordi Vila bietet hier innovative Kreationen, saisonale Gerichte und auch preiswerte Mittagsmenüs. **Indústria, 79, Tel. 932 076 115, €€€€**

■ CAN RAVELL
Der winzige Speiseraum dieses Feinkost- und Weingeschäfts ist einen Besuch wert. Serviert wird traditionelle katalanische Küche vom Feinsten. **Aragó, 313, Tel. 934 575 114, €€€**

■ LU LU TONG
Rund um die Plaça Tetuan ist eine kleine »Chinatown« entstanden, wo man schmackhafte Gerichte bekommt. Probieren Sie die hausgemachten Nudelgerichte und die Wonton-Suppe. **Diputació, 340, Tel. 932 656 178, €**

L'Auditori & Museu de la Música

5 Verbringen Sie den Nachmittag und Abend im neuen kulturellen Viertel südlich der Sagrada Família. Das L'Auditori (»Auditorium«) eröffnete 1994 als moderne Alternative zum Palau de la Música Catalana (siehe S. 96–97). In dieser akustisch makellosen Konzerthalle treten hochrangige Musiker auf. Bestaunen Sie dieses bauliche Werk von Rafael Moneo, einem der namhaftesten Architekten Spaniens. Die kraftvollen Linien sind von dem Schachbrettmuster des umliegenden Viertels Eixample inspiriert.

Im Inneren des Bauwerks sollten Sie das Museu de la Música besuchen, das im Obergeschoss um ein zentrales Oberlicht angeordnet ist. Eine Dauerausstellung präsentiert rund 500 Instrumente. Weitere Exponate wie musikalisches Zubehör, Notenrollen und andere automatisierte Erfindungen vervollständigen die Ausstellung.

Lepant, 150 • www.bcn.cat/museumusica • Tel. 932 563 650 • geschl. Di, 1. Jan, Karfreitag, 1. Mai, 24. Juni, 25./26. Dez• € • Metro: Glòries

DHUB

6 Das neue Design Hub Barcelona präsentiert die reiche Designgeschichte der Stadt in einem Museum, das vier Kunst- und Designsammlungen zusammenführt. Die Ausstellung umfasst alles Erdenkliche – von Keramiken aus dem 16. Jh. bis hin zu Haute Couture und von Werbeplakaten bis hin zu Industriedesign. Das Gebäude wurde vom örtlichen Studio MBM entworfen und nutzt einen natürlichen Hang; Teile liegen unter der Erde, und es gibt einen großen See. Infos zu Veranstaltungen sowie Architektur-Touren durch Barcelona gibt die Website des DHUB.

Plaça de les Glòries, 37–38 • www.dhub-bcn.cat • Tel. 932 566 713 • Metro: Glòries

Plaça de les Glòries

7 Jahrzehntelang war die Hauptattraktion der Plaça de les Glòries der Markt **Els Encants** (siehe S. 108), doch heute ist selbst dieser berühmte Flohmarkt in »schickere« Geschäfte umgezogen. Ildefons Cerdà, der Eixample ursprünglich entworfen hatte, plante einen riesigen Platz, doch es kam anders, und bis 2005, als die **Torre Agbar** des französischen Architekten Jean Nouvel dem Viertel einen neuen Anstrich gab, war die »Plaza« ein großer Kreisverkehr. Der 142 m hohe Turm, der das Wasserwirtschaftsamt beherbergt, erstrahlt mit einer schimmernden »Haut« aus farbigen LEDs. Er markiert den Zugang zu **22@**, dem Geschäftsviertel der Stadt. Besichtigen Sie Enric Ruiz Gelis futuristisches, energieeffizientes **Media-TIC-Gebäude** und das **Can-Framis-Museum** (siehe S. 142).

Av. Diagonal, Gran Via de les Corts Catalanes und Av. Meridiana • Metro: Glòries

Mit 4500 farbigen Lichtern dominiert die 31 Stockwerke hohe Torre Agbar den Nachthimmel.

IM **DETAIL**

La Sagrada Família

Planen Sie für die Besichtigung dieses Bauwerks – von den farbigen Mosaiken bis zu den kunstvollen Schnitzereien – zwei Stunden ein.

Nach über einem Jahrhundert wird die Pracht von La Sagrada Família allmählich sichtbar.

Antoni Gaudís La Sagrada Família ist zum inoffiziellen Wahrzeichen Barcelonas geworden – obgleich sie nach wie vor nicht fertiggestellt ist. Der neugotische Sakralbau, 1882 von Villar begonnen, begann sein Gesicht zu verändern, als ein Jahr später der damals 31-jährige Gaudí die Regie übernahm. Die monumentale Kirche erhielt das Hauptaugenmerk Gaudís, der kurz vor seinem Tod 1926 in die Werkstatt einzog. Er ist in der Krypta des Gotteshauses beigesetzt, das 2010 von Benedikt XVI. geweiht und zur päpstlichen Basilica minor erhoben wurde.

■ Umgebung

Um die gewaltige Wirkung des Bauwerks zu ermessen, müssen Sie es aus einiger Entfernung betrachten. Die acht Türme überragen alle umliegenden Gebäude, und die riesigen Kräne wirken fast wie Teile des Designs. Eintrittskarten sind vor Ort oder vorab online erhältlich. Sie können einen Audioguide erwerben (kostenpflichtig) oder den Info-Tafeln folgen.

■ Passionsfassade

Beginnen Sie Ihren Besuch an der **Passionsfassade**, die nach den ursprünglichen Plänen erbaut wurde, seit 1986 jedoch zusätzlich mit Skulpturen des katalanischen Künstlers Josep Maria Subirachs geschmückt ist. Kritiker sagen, sie würde nicht zum organischen Stil des Gebäudes passen, doch soll Gaudí explizit Ergänzungen durch spätere Generationen erwartet haben. Die Figuren zeichnen sich durch klare, rechteckige Linienführung aus, was die Passion Christi unterstreicht. Beachten Sie die symbolträchtigen Details wie das Kryptogramm beim **Kuss des Judas**, wo sich die Ziffern auf 33 addieren, das Lebensalter, in dem Christus starb. Als Tribut an den Maestro hat Subirach auch Gaudís Gesicht abgebildet. Heben Sie den Blick, um die Bronze **Christi Himmelfahrt** über dem Portal zu sehen – sie ist 5 m lang und über 1800 kg schwer. Wenn Sie die Stufen hinaufsteigen, können Sie die Details der Bronzeportale bestaunen, ebenfalls Werke Subirachs, die katalanische Bibelworte wiedergeben.

■ Innenraum

Durch die schweren Türen betritt man einen riesigen Raum, wo bis zu 8000 Gläubige und 1200 Chorsänger Platz finden. 84 Jahre nach Gaudís Tod wurde das Kirchenschiff überdacht und das Gotteshaus vom Papst persönlich geweiht. Gedämpftes Licht fällt durch die Oberlichter in der Decke und die von Joan Vila-Grau entworfenen Buntglasfenster. In diesem Raum – halb Baustelle, halb heiliger Ort – hören Sie möglicherweise Orgelklänge vermischt mit Bohrgeräuschen. Und seien Sie nicht überrascht, eine Schubkarre in der Luft

---

> **HINTERGRUND**
>
> Gaudí starb 1926 auf dem Weg von der Sagrada Família zur Kirche Sant Felip Neri (siehe S. 50). Beim Überqueren der Gran Via wurde er von einer Straßenbahn erfasst. Da er abgewetzte Arbeitskleidung trug, wurde er von Passanten zuerst für einen Obdachlosen gehalten und in das Armenkrankenhaus Hospital de la Sant Creu (siehe S. 66) gebracht, wo er wenige Tage später verstarb. Barcelona ehrte Gaudí mit einem Heldenbegräbnis.

IM **DETAIL**

hängen zu sehen, auf halbem Weg nach oben zu einem der 18 Türme, die das Gotteshaus eines Tages krönen werden. Elegante Säulen drehen, winden und verzweigen sich aufwärts, um den von Gaudí beabsichtigten Wald-Effekt zu erzeugen. Die komplexe Geometrie, die dem Ganzen zugrunde liegt, folgt Gaudís Hang zur Naturbeobachtung, der sich durch sein ganzes Werk zieht. Helle Stellen in den Säulen ähneln Astknoten. Während Sie sich dem Altar nähern, wenden Sie den Blick nach oben zu einem grandiosen Oberlicht, einer von goldenen Fliesen umrahmten Hyperboloidform, die Gott repräsentieren soll. Hinter dem Altar sind die Kapellen, darunter eine mit einem von Gaudí entworfenen Beichtstuhl.

CLEVER **REISEN**

Umgehen Sie lange Wartezeiten, indem Sie die Karten online bestellen (www.sagradafamilia.org). Kaufen Sie auch Tickets für die Türme. Meiden Sie Wochenenden und Montage, die sind besonders beliebt, da dann die meisten Museen geschlossen haben. Wenn Sie sich für einen Besuch gegen Abend entscheiden, müssen Sie mit Touristengruppen rechnen. Planen Sie 2 Stunden ein.

■ GEBURTSFASSADE

Verlassen Sie die Kirche durch das Ostportal und treten Sie zurück, um die Details dieser Fassade zu bestaunen, die einzige, die zu Gaudís Lebzeiten fertiggestellt wurde. Die Skulpturen, offensichtlich inspiriert von geologischen Formationen Kataloniens, zeigen die Geburt und Szenen aus dem Leben Christi. Das Ganze wird von einer grünen Keramikzypresse bekrönt. Besuchen Sie anschließend den **Rosario-Wandelgang**, der der Rosenkranzmadonna gewidmet ist und später um die gesamte Kirche herumführen soll. Suchen Sie unter den Skulpturen nach

Subirachs Porträt des Pontius Pilatus befindet sich an der Passionsfassade.

dem Anarchisten mit seiner Bombe, der das Übel der Menschheit verkörpert.

■ GRANDIOSE AUSSICHT

Ein Aufzug führt hinauf zu den beiden Glockentürmen, von wo aus man einen herrlichen Rundblick über die Stadt genießt. Auf dem Weg im Lift nach oben haben Sie Gelegenheit, die Schnitzarbeiten an der **Geburtsfassade** aus der Nähe zu bewundern. Beachten Sie auch die *trecadis* (Mosaiken) aus venezianischem Glas, die die höchsten Fialen der Kirche zieren.

■ MUSEUM & SCHULE

Planen Sie am Ende der Tour Zeit für einen Besuch des Museums ein. Es beherbergt faszinierende Fotografien aus der Zeit des Baubeginns, Architekturmodelle sowie Erläuterungen zu Gaudís Visionen für das Gotteshaus.

Durch das Museum gelangt man zurück zur Passionsfassade und zum **Edifici de les Escoles**, der Schule, die Gaudí für die Kinder der Umgebung und der am Kirchenbau beteiligten Arbeiter gründete. Ihr Entwurf mit geschwungenem Dach und Wänden soll einen weiteren Architekten des 20. Jh. beeindruckt haben – Le Corbusier.

Die Steinschnitzereien der Geburtsfassade sind reich an kunstvollen Details.

■ ENDE IN SICHT

Wie bei vielen großen Kathedralen dauern auch die Arbeiten an der Sagrada Família bereits seit mehr als einem Jahrhundert an. Sie werden wohl noch bis weit ins 21. Jh. weitergehen. Nachfolgende Generationen werden Gaudís Werk im Sinne seiner Vision fortsetzen.

Die **Torre de Jesucrist**, der höchste Turm, sollte seine Endhöhe (173 m) bis 2020 erreicht haben. Das Bauende ist derzeit für 2026 datiert – genau 100 Jahre nach Gaudís Tod.

Mallorca, 401 • www.sagradafamilia.org • Tel. 935 132 060 • €€€ (ohne Audioguide oder Zugang zu den Türmen) • Metro: Sagrada Família

TYPISCH **BARCELONA**

Parks & Gärten

Die schmalen historischen Straßen der Altstadt ließen wenig Platz für Parks und Gärten. Für mehr als eine Palme im Innenhof war kaum Raum. Die Ausdehnung der Stadt im 19. Jh sowie die Neugestaltung vernachlässigter Areale sorgten jedoch für Freiflächen, die nach und nach Teil des Stadtbildes wurden. Und zum revolutionären Stadterneuerungsprogramm, das in den 1980er-Jahren ins Leben gerufen wurde, zählte die Anlage zahlreicher moderner Parks.

Die Serpentinen-Bank (oben) im Park Güell ist ein Entwurf von Josep Maria Jujol, entstanden in Zusammenarbeit mit Gaudí, ebenso wie die Cascada (gegenüber) im Parc de la Ciutadella, ein frühes Werk Gaudís.

Zufällig entstandene Grünanlagen

Einige der grünen Oasen Barcelonas entstanden mehr oder weniger zufällig. Das Scheitern von Eusebi Güells Projekt schenkte der Stadt 1923 Land für ihre Bürger. Glücklicherweise hatte Gaudí, der die Wohnanlage plante, den Hang bereits landschaftsarchitektonisch gestaltet, und so trägt der **Park Güell** (siehe S. 131–133) seine unverkennbare Handschrift. Auch der älteste öffentliche Park der Stadt, der **Parc de la Ciutadella** (siehe S. 34, 100–101), verdankt seine Existenz ursprünglich einem anderen Zweck, der Weltausstellung 1888. Bis heute kann man das kulturelle Erbe in Gestalt einiger Gebäude im Stil des *modernisme* bewundern: das **Castell dels Tres Dragons** etwa und den **Hivernacle**.

Die Weltausstellung 1929 schuf formale Gärten wie die **Jardins del Teatre Grec** mit Zypressenhecken und blauregenüberrankten Pergolen. Sie bilden während des Grec Festival jeden Sommer die spektakuläre Kulisse für die Abendvorstellungen im Amphitheater. Die **Jardins de Laribal** mit schattigen Terrassen und kleinen Seerosenteichen erinnern an Gärten im südlichen Spanien.

Neue Oasen für die Stadt

Die jüngsten Parks Barcelonas wurden in den 1980ern auf früheren Industriegeländen angelegt. Der erste, der **Parc de Joan Miró** (siehe S. 59), der auf dem Areal eines Schlachthofes entstand, vereint viele Elemente: Bäume, Mischvegetation, Teiche, Spielplätze – und Kunstwerke. Beverly Peppers blaue Keramik »**Cel caigut**« (»Herabgestürzter Himmel«) schmückt den **Parc de l'Estació del Nord**, ein früheres Bahnhofsgelände. Auf dem Grundstück einer ehemaligen Textilfabrik lädt heute der **Parc de l'Espanya Industrial** mit weitläufigen Rasenflächen, moderner Kunst und Architektur zum Verweilen ein.

INNENHÖFE

Der utopische Entwurf des Stadtplaners Ildefons Cerdà für das Viertel Eixample sah u-förmige Blocks mit Grünflächen im Innern vor. Am Ende wurden daraus die heutigen quadratischen Häuserblocks. Vor Kurzem wurden einige Innenhöfe begrünt, mit Sitzbänken und Kinderspielplätzen ausgestattet und der Öffentlichkeit zugänglich gemacht. Besuchen Sie auf dem Weg zu La Sagrada Família die **Jardins del Rector Oliveras** *(Aragó, 309)*, die **Jardins de Jaume Perich** *(Gran Via, 657)* und/oder den »Eixample Beach« am **La Torre de les Aigües** (siehe S. 59).

LA SAGRADA FAMÍLIA BIS PARK GÜELL

TYPISCH BARCELONA: PARKS & GÄRTEN | **141**

BEST **OF**

Kleine Museen

Barcelona verfügt über eine Fülle kleiner Museen, häufig aus Privatsammlungen oder individueller Leidenschaft heraus entstanden. Can Framis etwa beherbergt Arbeiten aus der Sammlung von Antoni Vila Casa. Andere Museen zeigen ägyptische Antiquitäten, zeitgenössische Kunst oder Musikinstrumente.

■ CAN FRAMIS

Unweit von La Sagrada Família gelegen, gehört dieser Umbau einer Textilfabrik aus dem 19. Jh zur Kulturlandschaft der Plaça de les Glòries. Ausgestellt ist katalanische Kunst seit den 1970ern. Eine kleinere Galerie zeigt Leihgaben privater Sammler.

Roc Boronat, 116–126 • www.fundaciovilacasas.com • Tel. 933 208 736 • € • geschl. Mo, So nachmittags, Feiertage, Sommer, 24. Dez bis 1. Jan • Metro: Glòries

■ MUSEU DEL CALÇAT

Dieses skurrile kleine Museum ist im gotischen Gebäude der Schuhmacherzunft untergebracht – der ältesten Zunft der Stadt (siehe S. 50). Hier gibt es Nachbildungen von Schuhen seit dem 18. Jh. zu sehen, dazu die Werkzeuge dieses uralten Handwerks.

Plaça de Sant Felip Neri, 5 • Tel. 933 014 533 • € • 11 – 14 Uhr, geschl. Mo • Metro: Jaume I

■ MUSEU DE LA XOCOLATA

Das in La Ribera gelegene Schokoladenmuseum (siehe S. 35) erzählt die Geschichte der Schokolade auf ihrem Weg von Südamerika nach Europa – ein Verdienst, das die Katalanen für sich beanspruchen.

Comerç, 36 • www.museuxocolata.cat • Tel. 932 687 878 • € • geschl. So und Feiertage (nachmittags) • Metro: Jaume I oder Arc de Triomf

■ FUNDACIÓ FRANCISCO GODIA

In einem *modernista*-Gebäude präsentiert dieses Museum mittelalterliche Gemälde und Keramiken aus der Sammlung des Rennfahrers Grancisco Godia (1921–1990). Die rund 1500 Exponate reichen von katalanischer Gotik bis zu modernen Künstlern wie Antoni Tàpies.

Diputació, 250 • www.fundacionfgodia.org • Tel. 932 723 180 • €€ • geschl. Di und So (nachmittags), Feiertage • Metro: Passeig de Grácia

Eine Königin und ein König aus Schokolade erwarten die Besucher im Schokoladenmuseum.

■ Fundació Suñol

In dieser Galerie erwartet Sie eine Sammlung zeitgenössischer Kunst, darunter Werke von Picasso und Susana Solano. Ein separater Raum, Nivell Zero, präsentiert Wechselausstellungen noch lebender Künstler.

Passeig de Gràcia, 98 • www.fundaciosunol.org • Tel. 934 961 032 • €€ • geschl. Sa vormittags, So und Feiertage • Metro: Diagonal

■ Museu Egipci de Barcelona

Mumien und mehr gibt es in diesem kleinen Museum, das der Hotelier und Sammler altägyptischer Artefakte Jordi Clos hier eingerichtet hat.

València, 284 • www.museuegipci.com • Tel. 934 880 188 • €€€ • geschl. So (nachmittags), 1./6. Jan, 25./25. Dez • Metro: Passeig de Gràcia

■ Museu del Modernisme Català

Bewundern Sie Barcelonas *modernista*-Architektur (siehe S. 122–123) am Passeig de Gràcia und besuchen Sie anschließend dieses in einer Parallelstraße gelegene Museum, um Möbel, Gemälde und dekorative Kunst zu sehen. Herausragende Stücke sind Gaudís Möbel sowie Gemälde von Ramón Casas und Santiago Rusiñol.

Balmes, 48 • www.mmcat.cat • Tel. 932 722 896 • €€ • geschl. So (nachmittags), 1./6. Jan, 1. Mai, 25./26. Dez • Metro: Passeig de Gràcia

CAMP NOU BIS TIBIDABO

Camp Nou bis Tibidabo

Südlich der Avinguda Diagonal bildet das Camp Nou, das größte Fußballstadion Europas, einen Kontrast zu den ruhigen Barrios Altos (den »oberen Stadtteilen«) nördlich davon. Die einst abgelegenen Dörfer gehören heute zur Stadt, sind grüne Viertel mit vornehmen Villen und *torres* (Türmen), viele im *modernista*-Stil wie in Pedralbes und Sarrià. Sie finden sich Seit an Seit mit Boutiquen, Restaurants und exklusiven Wohngebäuden. Besuchen Sie unbedingt das Kloster in Pedralbes, genießen Sie das urige Viertel Sarrià samt der Köstlichkeiten in den Tapas Bars – von denen sich hin und wieder auch die *jabalíes* (Wildscheine) vom nahen Berg Tibidabo angezogen fühlen. Fahren Sie in der ältesten Straßenbahn der Stadt zum Parc d'Atraccions del Tibidabo, dem berühmten Vergnügungspark, von wo aus Sie einen einmaligen Blick haben.

146 Stadtviertel-Tour

152 Im Detail: Monestir de Pedralbes

154 Typisch Barcelona: Fußball

156 Best of: Aussichtspunkte

◐ Das »Panoramic«, ein buntes Riesenrad, lockt seit Jahrzehnten Besucher auf den Tibidabo.

BARCELONAS STADTVIERTEL | 145

STADTVIERTEL-**TOUR**

Camp Nou bis Tibidabo

Auf Ihrem Weg zum Tibidabo erleben Sie Sportstätten, Museen, Gärten, ein Kloster und, oben angekommen, eine unvergessliche Fahrt im Riesenrad.

❹ **Sarrià** (siehe S. 149) Besuchen Sie das vornehme Sarrià mit der sehenswerten Kirche Sant Vincenç und einem lebhaften Markt, erbaut im *modernista*-Stil. Nach einer großen oder kleinen Stärkung in einem der vielen Restaurants oder Cafés geht es weiter über den Passeig Reina Elisenda de Montcada bis zur Plaça John F. Kennedy. Wer will, nimmt den Bus Nr. 58 oder 75.

❸ **Monestir de Pedralbes** (siehe S. 152–153) Diese Klosteranlage blieb seit ihrer Gründung 1326 bemerkenswert gut erhalten. Sie enthält einen bezaubernden Kreuzgang und kostbare Renaissancekunst. Danach spazieren Sie über den C. del Bisbe Català bis zur Plaça Sarrià.

❷ **Parc und Palau Reial de Pedralbes** (siehe S. 148–149) Spazieren Sie durch die eleganten Palastgärten und weiter die Av. de Pedralbes hinauf, vorbei an den nobelsten Villen der Stadt. Am oberen Ende des C. del Bisbe Català biegen Sie nach rechts und gleich wieder links in die Baixada del Monestir ab.

❶ **Museu del FC Barcelona** (siehe S. 148) Besichtigen Sie das Stadion Camp Nou und das FC-Barcelona-Museum, wo Sie die Leidenschaft für »Barça«, dem wohl berühmtesten Fußballclub der Welt, hautnah erleben. Gehen Sie den C. de Arístides Maillol bis zum Ende, dann rechts und wieder links auf den C. de Marti i Franqués und weiter auf die Av. Diagonal.

CAMP NOU BIS TIBIDABO STRECKE: 6 KM
DAUER: ETWA 8 STD. START: METRO LES CORTS

❺ Avinguda Tibidabo und Tramvia Blau (siehe S. 150) Bestaunen Sie die Stadtpalais entlang der Av. Tibidabo, die vor einem Jahrhundert für wohlhabende Bürger erbaut wurden. Nehmen Sie die Tramvia Blau (Bus 196), oder gehen Sie zu Fuß die Av. Tibidabo bis zum C. d'Isaac Newton, dort links und, der Beschilderung folgend, bis zum Museum CosmoCaixa.

❻ CosmoCaixa (siehe S. 150) Für Kinder ist dieses Wissenschaftsmuseum das wohl spannendste Museum der Stadt, denn es bietet vielerlei technische Spielereien und Experimente zum Mitmachen. Mit dem Bus 196 geht es zunächst bis zur Station Funicular del Tibidabo, von wo aus die Bergbahn startet.

❼ Tibidabo (siehe S. 151) Ob Sie nun den Vergnügungspark besuchen oder nicht – von hoch oben auf dem Tibidabo haben Sie einen atemberaubenden Blick, insbesondere bei Sonnenuntergang. Auf dem höchsten Punkt ragt der Temple del Sagrat Cor empor, eine prunkvolle Kirche, erbaut 1902–1961, gekrönt von einer riesigen Christus-Erlöser-Statue.

STADTVIERTEL-**TOUR**

Museu del FC Barcelona

1 Im Fußballstadion Camp Nou (siehe S. 154–155, 173) befindet sich im Untergeschoss das Museum des FC Barcelona. Es führt durch die Geschichte des Vereins, zeigt Fotos, Trophäen, interaktive Tafeln und dergleichen. Pflichtprogramm für jeden Fußballfan ist die Tour »**Camp Nou Experience**«. Um die Warteschlangen zu umgehen, buchen Sie Ihre Tickets am besten im Voraus online.

Calle Aristides Maillol, 12 • www.fcbarcelona.com • Tel. 902 189 900 • €€€€€ • geschl. 1./6. Jan, 25. Dez • Metro: Les Corts

Parc und Palau Reial de Pedralbes

2 Abseits der geschäftigen Avinguda Diagonal bietet der prächtige Parc Palau Reial de Pedralbes, der einstige Palastgarten um den Palau Reial, eine grüne Oase der Ruhe. Nachdem der Industrielle Eusebi Güell das Areal erwarb, wurde es immer wieder neu gestaltet.

In den 1920ern diente der Königliche Palast von Pedralbes als Ruhesitz für König Alfonso XIII.

So war das Residenzgebäude mal Sitz der republikanischen Regierung, mal diente es Franco als Unterkunft und wird heute wieder als Museum genutzt. Genießen Sie einen Spaziergang vorbei an Teichen und Blumenrabatten. Im Sommer finden hier Musikfestivals statt.

> ### CLEVER **REISEN**
>
> In den Barrios Altos verkehren kaum U-Bahnen. Busse, Trambahnen und die Vorortlinien der FGC (siehe S. 177) sind aber gute Alternativen.

Beim Verlassen des Parks biegen Sie auf die Avinguda de Pedralbes, wo Sie die **Pavellons de la Finca Güell** bewundern können, die später als Palau Reial de Pedralbes bekannt wurden. Pförtnerhaus, Stallungen und ein Tor sind nach Entwürfen von Antoni Gaudí gestaltet. Das sepktakuläre Eisentor, ein Meisterwerk der Schmiedekunst, ist in Form eines Feuerdrachens gewunden. Rechts und links davon finden sich zwei kuriose Pavillons. Die fernöstlich anmutende Architektur zeigt sich in geschwungenen Dächern und *trencadís*-Fassaden, verziert mit bunten Keramikmosaiken.

Diagonal, 686 • Metro: Palau Reial

Monestir de Pedralbes

3 Siehe S. 152–153.

Baixada de Monestir, 9 • www.museuhistoria.bcn.es • Tel. 932 563 434 • €€ • geschl. Mo, 1. Jan, 1. Mai, 24. Juni, 25. Dez • FGC: Reina Elisenda

Sarrià

4 Sarriàs Bewohner sind überzeugt, die Luft in ihrer schönen Wohnlage am Hang sei sauberer als anderswo in der Stadt, was sich an schwülheißen Tagen durchaus bestätigt. Sarrià wurde als letztes unabhängiges Dorf eingemeindet und hat sich bis heute ein eigenes Lebensgefühl bewahrt. Auf dem Carrer Major de Sarrià finden Sie Feinkostläden und schicke Boutiquen. Für eine kleine Kaffeepause empfiehlt sich das **Foix de Sarrià** (siehe S. 150), eine berühmte Konditorei und Konfiserie, die hier gleich zwei Filialen unterhält.

Sarrià • FGC: Sarrià

STADTVIERTEL-**TOUR**

GUT **ESSEN**

■ BAR TOMÁS
Probieren Sie hier die besten *patatas bravas* (Pommes) der Stadt, berühmt wegen ihrer speziellen Sauce. **Major de Sarrià, 49, Tel. 932 031 077, €**

■ FOIX DE SARRIÀ
Seit 1886 gibt es in dieser Bäckerei Croissants, kunstvolle Torten, katalanische *cocas* (süßes Brot), Schokolade und allerlei Leckereien, alles zubereitet in alten Backstuben im *modernista*-Stil. Es gibt zwei Filialen, die ursprüngliche auf der **Major de Sarrià, 57, Tel. 932 030 714, €**

■ FRAGMENTS CAFÉ
Diese alte Tapas-Bar, berühmt für ihre marktfrische Küche und ausgezeichnete Mittagskarte, hat einige Tische an der Plaça de la Concòrdia sowie einen hübschen rückwärtig gelegenen Garten. **Plaça de la Concòrdia, 12, Tel. 934 199 613, €€**

Avinguda Tibidabo & Tramvia Blau

⑤ Die urige Tramvia Blau rattert seit 1901 die piekfeine Avinguda de Tibidabo hinauf. Bevor Sie einsteigen, werfen Sie einen Blick auf **La Rotonda**, einen wunderschönen Turm im *modernista*-Stil, bedeckt mit farbigen Mosaikelementen. Genießen Sie die kurze Fahrt in der blauen Straßenbahn, die sich vorbei an prächtigen Fin-de-siècle-Villen zum Funicular de Tibidabo (Standseilbahn) schlängelt. Halten Sie Ausschau nach der markanten **Casa Roviralta** (Nr. 31), einem stattlichen, vom Mudéjar-Stil inspirierten Gebäude mit weißer Backsteinfassade. Heute beherbergt es ein Restaurant.

Av. Tibidabo • www.tmb.cat • FGC: Av. Tibidabo

CosmoCaixa

⑥ 2005 wurde ein stattliches *modernista*-Krankenhaus aus dem Jahr 1894 durch einen spektakulären Neubau erweitert und als Wissenschaftsmuseum von Barcelona eröffnet. Am Eingang grüßt eine Einsteinstatue die Besucher, die über eine riesige Wendeltreppe ins Untergeschoss geführt werden. Dort kann man anhand von Experimenten geografische und naturwissenschaftliche Prinzipien verstehen zu lernen. Ein Wellen-Simulator zeigt, wie das Meer die Küsten formt, und man kann eigenhändig einen Sandsturm oder Tornado kreieren. Der **Flooded Forest** mit echten Pflanzen sowie ein paar Tieren vermittelt einen lebhaften Eindruck vom Leben am Amazonas. Regelmäßige Regengüsse bewässern das Areal und tragen zur entsprechenden Atmosphäre bei. Im **Planetarium** blicken Sie hinauf zu Sternen und Planeten, ehe Sie im weitläufigen Außengelände weitere Experimente machen können.

Isaac Newton, 26 • www.fundacio.lacaixa.es • Tel. 932 126 050 • € • geschl. Mo (außer an Feiertagen), 1./6. Jan, 25. Dez • FGC: Av. Tibidabo und Tramvia Blau; Bus: 196

Tibidabo

7 Auf 610 m Höhe bietet der Tibidabo, Barcelonas Hausberg im Nordwesten, einen fantastischen Blick auf die Stadt. Noch höher hinauf geht es im Fahrstuhl bis ganz nach oben auf die Spitze der Kirche **Temple del Sagrat Cor**. Das Highlight aber ist der **Parc d'Atraccions**, der älteste Vergnügsparkt Spaniens. Er wurde 1901 eröffnet und bietet neben einigen klassischen, auch supermoderne Fahrgeschäfte. Etwas abseits des Hauptareals gibt es den **Camí de Cel**, den »Himmelsweg«, mit vielen kinderfreundlichen Fahrgeschäften.

> ### CLEVER **REISEN**
>
> Im Juli und August hat der Vergnügungspark auf dem Tibidabo täglich geöffnet (ansonsten lohnt ein Blick auf die Website). Wenn der Park geöffnet hat, fährt man von der Plaça Catalunya bis Av. Tibidabo. Tipp: Picknick mitnehmen.

Tibidabo • www.tibidabo.cat • Tel. 932 117 942 • €€€€ • Öffnungszeiten siehe Website • FGC: Av. Tibidabo (von dort Tramvia Blau oder Bus 196 bis Station Tibidabo funicular, dann weiter mit der Zahnradbahn bis zum Gipfel)

Die grandiose Aussicht vom Tibidabo ist nur eine der vielen Attraktionen des Vergnügungsparks.

IM **DETAIL**

Monestir de Pedralbes

Lassen Sie sich von diesem mittelalterlichen Kloster verzaubern, das versteckt am Ende einer kopfsteingepflasterten Gasse liegt.

Schlanke Pfeiler im katalanisch-gotischen Stil stützen die Kreuzgänge rings um den Garten.

An schicken Wohnhäusern vorbei führt Sie der Weg durch Pedralbes bergauf in eine kleine Gasse, wo Sie im Kloster von Pedralbes in eine andere Zeit eintauchen. Gegründet 1326 von Königin Elisenda, wurden Kirche und Klosteranlage im katalanisch-gotischen Stil erbaut (siehe S. 56–57). Die dreistufig aufgebauten Klostergänge umlaufen einen Garten voller Kräuter, Blumen, Zypressen und Palmen. Dieser Ort vermittelt einen Eindruck vom kontemplativen Leben der Nonnen vom Klarissenorden, die hier über Jahrhunderte lebten.

■ **ESGLÉSIA DE PEDRALBES**
Beginnen Sie Ihren Besuch in der Kirche direkt neben dem Kloster. Der Kreuzgang der einschiffigen Klosterkirche besteht aus breiten Bogen, die sich auf zahlreiche Säulen stützen. Sehenswert sind das Marmorgrabmal von Königin Elisenda und der Altarraum mit Malereien von Jaume Huguet, dem großen katalanischen Maler der Gotik (1412–1492). Wenige Schritte entfernt liegt das Kloster, durch das Sie eine beschilderte Route führt.

■ **KUNST & FRÖMMIGKEIT**
Einer der ersten Räume auf Ihrem Rundgang ist die **Capella de Sant Miquel**, die tagsüber die Gebetszelle der Äbtissin war. Die Wände sind mit Fresken dekoriert, die von Jaume Ferrer Bassa (1285–1348) stammen. Des Weiteren sehen Sie winzige Klosterzellen, die den Nonnen zum Gebet dienten. Sie vermitteln einen Einblick in das traditionelle Klosterleben, geprägt von Abgeschiedenheit und Frömmigkeit. Auch heute noch leben Nonnen hier, allerdings in einem neuen, angrenzenden Gebäude. Über die Treppe geht es weiter ins nächste Stockwerk.

> **HINTERGRUND**
>
> Königin Elisenda gründete das Kloster für den Orden der hl. Klara, den Orden der Armen Klarissinnen, ein paradoxer Name, denn die meisten Nonnen kamen aus adeligen Familien. Noch bis 1983 lebten hier Nonnen, dann öffneten sie ihr Kloster der Öffentlichkeit. Sie zogen in ein modernes Gebäude um, singen die Vesper aber nach wie vor in der alten Klosterkirche, der Església de Pedralbes.

■ **MUSEUM & ALLTAGSLEBEN**
Das ehemalige Schlafgemach der Nonnen ist heute ein lichtdurchflutetes Museum, das viele religiöse Artefakte, Gemälde und Möbel birgt. Überdies befinden sich hier weitere Gebetszellen und Schlafgemächer. Zurück im Untergeschoss besichtigen Sie den Speisesaal und die Küche. Hier erinnern der lange Tische und große steinerne Waschbecken an das klösterliche Gemeinschaftsleben der Nonnen.

■ **GÄRTEN**
Genießen Sie unbedingt ein paar Minuten der Stille im friedlichen Klostergarten, wo große Palmen auch in der größten Mittagshitze angenehm kühlen Schatten spenden.

Baixada del Monestir, 9 • www.museuhistoria.bcn.es • Tel. 932 563 434 • €€ • geschl. Mo, 1. Jan, 1. Mai, 24. Juni, 25. Dez • FGC: Reina Elisenda

TYPISCH **BARCELONA**

Fußball

Wer nach Barcelona kommt, merkt schnell: Die Stadt ist fußballverrückt. Bilder von Fußballspielern hängen in Schaufenstern, Trikots hängen an Wäscheleinen, und überall in den Gassen sind Kinder am Kicken. Doch die besondere Bedeutung des weltberühmten FC Barcelona geht weit über den bloßen Sport hinaus. Er ist Symbol der katalanischen Identität, die mit politisch loyaler Inbrunst demonstriert wird – getreu dem Vereinsmotto: »Mehr als ein Verein«.

Fans des Futbol Club Barcelona (oben) mit geschminkten Gesichtern in den Vereinsfarben feiern den Sieg in der Spanischen Liga 2011. Die jubelnde Mannschaft reckt den Pokal in die Höhe (gegenüber).

Erbe & Identität

Um die besondere Bedeutung des FC Barcelona für Katalonien zu verstehen, muss man in die Geschichte zurückgehen. In der Franco-Ära, 1939–1975, verliehen die Katalanen ihrer Identität oft dadurch Ausdruck, dass sie ihren örtlichen Fußballverein unterstützten, den FC Barcelona. Zu einer Zeit, da Franco die katalanische Flagge und Sprache verbot, war das Fußballstadion so ziemlich der einzige Ort, wo man das offiziell verbotene Katalanisch sprechen und dem Regime ungestraft trotzen konnte. Und so ging es bei Spielen gegen Real Madrid, das von Franco favorisierte Team, immer um mehr als nur Fußball. Katalanische Separatisten feiern jeden Sieg gegen Real noch immer wie eine erfolgreiche Rebellion gegen Spaniens Regierung.

Volksverein FCB

Eine ungewöhnliche Eigentümerstruktur zementiert das Band zwischen Verein und Stadt. Rund 170 000 Mitglieder haben Geld in den Verein investiert und seinen Präsidenten gewählt. Im

Unterschied zu den meisten anderen Vereinen im Profifußball nahm der FCB lange Zeit keine kommerziellen Sponsorengelder an. Ein wachsender Schuldenberg zwang den Verein jedoch 2011, diese Politik aufzugeben. Doch er blieb einer der reichsten der Welt, ist heute über 1 Mrd. Dollar schwer und zieht bei Heimspielen an die 80 000 zahlende Zuschauer an.

Loyale Fans

Katalanen halten kein Fan-Monopol auf ihren Verein – der Verein hat eine riesige Fanbase in ganz Spanien und mehr als 1300 Fanclubs weltweit. Doch für die Barceloneser wird er stets mehr sein als ein erfolgreicher Verein in der Fußballwelt: Der FCB gehört der Stadt und ihnen, den Katalanen.

NOCH EIN **VEREIN**

Der FC Barcelona ist nicht der einzige Fußballverein der Stadt. Neben Rot-Blau, den Vereinsfarben des FCB, sieht man auch das Weiß-Blau des weniger erfolgreichen Lokalrivalen Espanyol Barcelona. Heimspielstätte von Espanyol ist das Olympiastadion.

BEST OF

Aussichtspunkte

Barcelona bietet viele einmalige Aussichtspunkte. Der Tibidabo bietet sicherlich einen der höchsten Aussichtspunkte, doch macht ihm gleich nebenan ein moderner Fernsehturm auf den Berghöhen Konkurrenz. Genießen Sie die Aussicht auf die Stadt von hoch oben – von Schlössern, Seilbahnen, Parks und Luxusbars.

■ Mirador de la Torre de Collserola

Lohn für den langen Weg bergauf zur Torre de Collserola sind weite Ausblicke bis zum Meer sowie auf Wunderwerke moderner Ingenieurskunst. Dieser 288 m hohe Fernsehturm wurde 1992 nach einem Entwurf Sir Norman Fosters gebaut. Ein Muss: die Aussichtsplattform *(mirador)* im 10. Stock.

Vallvidrera al Tibidabo • www.torredecollserola.com • Tel. 934 069 354 • Öffnungszeiten entsprechen denen für den Tibidabo und variieren; Infos gibt die website www.tibidabo.es • Av. Tibidabo (von dort Tramvia Blau oder Bus 196 bis Station Tibidabo funicular, dann weiter mit der Zahnradbahn bis zum Gipfel)

■ Temple Expiatori del Sagrat Cor

Unweit vom Vergnügungspark Tibidabo (siehe S. 151) dominiert diese Kirche den Berg. In der Kirche führen zwei Fahrstühle bis hinauf zum Dach. Von dort steigen Sie hinauf zur Christusstatue, um einen gigantischen Panoramablick zu genießen.

Tibidabo • FGC: Av. Tibidabo (von dort Tramvia Blau oder Bus 196 bis Station Tibidabo funicular, dann weiter mit der Zahnradbahn bis zum Gipfel)

■ Eclipse Bar

Am Hafen gelegen, bietet das moderne Hotel W (siehe S. 125) im 26. Stock einen wirklich atemberaubenden Meerblick.

Plaça de la Rosa dels Vents, 1 • www.w-barcelona.es • Tel. 932 952 800 • Metro: Barceloneta

■ Mirador de Colom

Ein Lift im Inneren dieses symbolträchtigen Wahrzeichens (siehe S. 83) bringt Sie hinauf zur Aussichtsplattform *(mirador)*, wo Sie einen weiten Blick auf Meer und Altstadt genießen.

Plaça Portal de la Pau • www.barcelonaturisme.com • Tel. 932 853 832 • € • geschl. 1. Jan, 25. Dez • Metro: Drassanes

CAMP NOU BIS TIBIDABO

Das perfekte Ziel in einer klaren Nacht: Blick vom hell erleuchteten Vergnügungspark Tibidabo.

■ Transbordador Aeri

Nehmen Sie am Hafen eine Gondel (siehe S. 84) hinauf auf den Montjuïc (Abfahrt: Strand Sant Sebastià oder World Trade Center) oder vom Montjuïc hinunter und genießen Sie den Panoramblick.

Moll de Barcelona • www.telefericodebarcelona.com • Tel. 934 414 820 • €€ • geschl. 25. Dez • Metro: Barceloneta oder Drassanes

■ Park Güell

Vom Viertel Gràcia aus überschaut Gaudís märchenhafter Park (siehe S. 131–133) die Stadt. Nehmen Sie Platz auf der berühmten Serpentinen-Bank, um die Skyline zu genießen, und besteigen Sie dann den Gipfel, wo eine noch fantastischere Aussicht auf Sie wartet.

Olot, 5 • Metro: Lesseps; Bus: 24, 31, 32

■ Castell de Montjuïc

Auf dem Gipfel des Montjuïc befindet sich das Castell, eine Festung aus dem 17. Jh. (siehe S. 167), mit herrlichem Blick über das Meer: linker Hand die Schiffe, die zu den Balearen auslaufen, rechter Hand große Kreuzfahrtschiffe und der Handelshafen.

Ctra. de Montjuïc, 66 • www.bcn.cat • Tel. 932 564 445 • Metro: Espanya oder Paral·lel und weiter mit der Hafen-Seilbahn

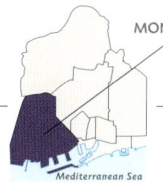

Montjuïc

Erkunden Sie diesen sanften Hügel, der sich im Süden der Stadt erhebt, und entdecken Sie Kulturzentren und Sportarenen. Seit Jahrhunderten ist der Montjuïc ein beliebtes Erholungsgebiet und ein Ort für traditionelle Feste. Schon die frühen Iberer siedelten hier, und auch die Römer hielten hier ihre Rituale ab. 1992 war der Montjuïc Austragungsort der Olympischen Sommerspiele. All diese Ereignisse machen das große sporthistorische und künstlerische Erbe dieses Hügels aus, das sich über viele Jahre entwickelt hat. Heute finden im Olympiastadion regelmäßig Wettkämpfe und Konzerte statt, während Kulturzentren erstklassige Museums- und Ausstellungsgebäude wie die Fundació Joan Miró oder das CaixaForum unterhalten. Blühende Gärten an den Hängen mit weiten, grünen Flächen, dazu herrliche Ausblicke in jede Richtung, machen den Montjuïc zu einem idealen Ort für Sport und Freizeit. Am Fuß des Nordhangs liegt Poble Sec, ein Viertel mit pulsierendem Nachtleben und reichlich gastronomischer Auswahl.

- 160 Stadtviertel-Tour
- 168 Im Detail: Museu Nacional
- 170 Typisch Barcelona: Künstler der Stadt
- 172 Best of: Sportbegeistertes Barcelona

◐ 1929 zur Weltausstellung erbaut, zeigt das Poble Espanyol ein architektonisches Abbild verschiedener Baustile aus ganz Spanien – wie diesen Turm im Mudéjar-Stil von Utebo in Zaragoza.

STADTVIERTEL-**TOUR**

Montjuïc

Olympiagelände, Kunstmuseen, wunderschöne Gärten – ein Spaziergang durch die grüne Hügellandschaft des Montjuïc bietet viele Highlights.

❶ **Plaça d' Espanya** (siehe S. 162) Gehen Sie quer über den Platz in Richtung der venezianischen Türme. Am Ende der Av. Reina Maria Cristina biegen Sie rechts in die Av. Ferrer i Guàrdia ein.

❷ **CaixaForum** (siehe S. 162–163) Das Kulturzentrum mit einer Reihe von Ausstellungen und Veranstaltungen ist absolut sehenswert. Danach überqueren Sie die Straße zum Barcelona-Pavillon.

❸ **Pavelló Mies van der Rohe** (siehe S. 163) Dieses minimalistische Gebäude, entworfen 1929, erscheint heute immer noch modern. Gehen Sie die Av. Ferrer i Guàrdia hinauf zum Poble Espanyol.

❹ **Poble Espanyol** (siehe S. 164) Als »Spanisches Dorf« erbaut, bietet es Unterhaltung und Cafés. Auf dem Rückweg, am Pavelló Mies van der Rohe vorbei, nehmen Sie dann die Rolltreppe hinauf zum Museu Nacional.

❺ **Museu Nacional** (siehe S. 168–169) Der monumentale Palau Nacional beherbergt das Nationalmuseum, das 1000 Jahre Kunstgeschichte präsentiert. Das Terrassencafé bietet eine der besten Aussichten auf die Stadt. Gehen Sie um das Gebäude herum, wo Sie mit der Rolltreppe hinauf zur Av. de l'Estadi fahren.

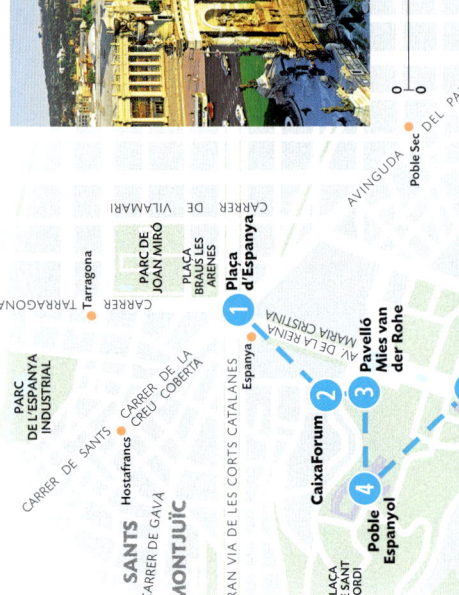

❻ Anella Olímpica (siehe S. 165)
Der »Olympische Ring« war das Zentrum der Olympischen Sommerspiele 1992. Besichtigen Sie Sporthalle, Schwimmbecken und Stadion. Danach biegen Sie nach rechts ab, bergauf zum Jardí Botànic, zum Botanischen Garten.

❼ Jardí Botànic (siehe S. 166) Spazieren Sie durch den Botanischen Garten, der eingebettet in den Hügeln liegt. Kehren Sie dann auf dem Hauptweg zurück, biegen dort nach rechts und gehen weiter, bis Sie das weiße Miró-Museum sehen.

❽ Fundació Joan Miró (siehe S. 166)
Dieses Museum, das sich den Werken des katalanischen Künstlers Joan Miró widmet, eröffnete noch zu dessen Lebzeiten 1975. Folgen Sie dem Weg weiter bis zur Station Telefèric und nehmen Sie die Seilbahn oder den Bus 150 hinauf zum Kastell.

❾ Castell de Montjuïc (siehe S. 167) Auf dem Kastell finden heute regelmäßig Konzerte und Ausstellungen statt. Erleben Sie den Sonnenuntergang von der Aussichtswarte aus. Der Weg zurück geht über einen gewundenen Pfad bergab. Oder Sie nehmen die Seilbahn und genießen Sie das Nachtleben von Poble Sec.

**MONTJUÏC STRECKE: 6 KM DAUER: ETWA 9 STD.
START: METRO-STATION ESPANYA**

MONTJUÏC

STADTVIERTEL-TOUR | **161**

STADTVIERTEL-**TOUR**

> **HINTERGRUND**
>
> Wenn Sie den Tag mit Shopping oder einem Kaffee beginnen wollen, machen Sie einen Abstecher ins Einkaufszentrum Las Arenas. Die ehemalige Stierkampfarena wurde zu einem auffälligen Einkaufskomplex umgebaut.

Plaça d'Espanya

① An diesem zentralen Verkehrsknotenpunkt herrscht stets viel Betrieb. Einheimische und Touristen steuern Museen an, Geschäftsleute sind auf dem Weg zu den Messen, die entlang der Avinguda Reina Maria Cristina stattfinden. Halten Sie kurz inne, um dem kunstvollen Brunnen in der Mitte des Platzes einen Blick zu schenken, den Josep Maria Jujol zur Weltausstellung 1929 als eine Hommage an Spanien baute.

Kreuzung Carrer de Sants, Gran Via de les Corts Catalanes und Av. del Parral.lel • Metro: Espanya

CaixaForum

② Puig I Cadalfach, ein wichtiger *modernista*-Architekt, entwarf 1911 die preisgekrönte Textilfabrik Casa Ramona. In der alten Fabrik befindet sich heute das Kulturzentrum CaixaForum, das aus

»Splat«, die bunte Wand im CaixaForum, bildet den Rahmen für die hier ausgestellte Kunst.

Barcelonas Kunstszene inzwischen nicht mehr wegzudenken ist. Das hochkarätige Programm beinhaltet üblicherweise einen Bereich mit Exponaten aus der riesigen Sammlung zeitgenössischer Kunst. Am modernen Eingangsbereich, einer futuristischen Konstruktion aus Metall und Glas, entworfen vom japanischen Architekten Arata Isozaki, gleiten Sie auf einer Rolltreppe nach unten in eine Halle, die von einer speziell angefertigten bemalten Wand namens »**Splat**« des amerikanischen Künstlers Sol LeWitt dominiert wird. Erkunden Sie auch die Laufstege im Außenbereich, die an den originalen backsteinernen Fabriktürmen mit dekorativen Elementen aus blauer Keramik und Glas vorbeilaufen. Dieses interessante Gebäude bietet den optimalen Ort für ein vielseitiges Konzertprogramm. Der Bogen reicht von klassisch bis international, und oft gibt es auch sommernächtliche Spontankonzerte.

Av. Francesc Ferrer i Guàrdia, 6–8 • www.obrasocial. lacaixa.es • Tel. 934 768 600 • € • geschl. 1./6. Jan, 25. Dez • Metro: Espanya

Pavelló Mies van der Rohe

❸ Der berühmte Barcelona-Pavillon von Mies van der Rohe ist paradigmatisch für das Schaffensprinzip des Architekten, das da lautet »Weniger ist mehr«. Ursprünglich war der Pavillon der deutsche Beitrag auf der Weltausstellung 1929. Als Vater der modernen Architektur

Die minimalistische Form des Barcelona-Pavillons betont das glänzende Gestein.

sah van der Rohe den Pavillon als eine Chance, seinen Ideen von einfachen Formen und der Verschmelzung von Innen- und Außenbereich Ausdruck zu verleihen. Das temporäre Originalgebäude wurde 1930 abgebaut und 1986 unter Verwendung der gleichen Materialien neu errichtet. Besuchen Sie den Pavillon, um van der Rohes »**Stuhl Barcelona**« zu besichtigen, den, ein Klassiker des modernen Designs.

Av. Francesc Ferrer i Guàrdia, 7 • www.miesbcn.com • Tel. 934 234 016 • €€ • Metro: Espanya

STADTVIERTEL-**TOUR**

Einige der 117 Gebäude, die im Poble Espanyol maßstabsgetreu nachgebildet sind.

MONTJUÏC

Poble Espanyol

4 Das »Spanische Dorf«, ein Freilichtmuseum mit Gebäuden in Originalgröße, ist ein architektonisches Abbild verschiedener Baustile aus allen Landesteilen und seit seiner Eröffnung 1929 ein beliebtes Ausflugsziel. Weiß getünchte Häuser aus Andalusien reihen sich an Adelsvillen aus Kastillen, eine romanische Kirche aus Katalonien und eine Plaza Mayor, den zentralen Platz in jedem spanischen Dorf. Hier arbeiten Künstler, Glasbläser, Weber oder Töpfer, denen Sie bei der Arbeit zuschauen oder das ein oder andere Kunstwerk abkaufen können. Das Dorf zeigt auch die Kunstsammlung der Stiftung Fran Daurel, darunter Werke von Picasso bis zu zeitgenössicher Kunst. Genießen Sie einen Spaziergang durch den Skulpturengarten mit 27 Skulpturen. Abends sorgen Restaurants, Bars und eine Flamenco-Show für Unterhaltung.

Av. de Francesc Ferrer i Guàrdia, 13 • www.poble-espanyol.com • Tel. 935 086 324 • €€€ • Metro: Espanya

Museu Nacional

5 Siehe S. 168–169.

Palau Nacional, Parc de Montjuïc • www.mnac.cat • Tel. 936 220 376 • €€€ • geschl. Mo (außer an gesetzlichen Feiertagen), 1. Jan, 1. Mai, 25. Dez • Metro: Espanya

Anella Olímpica

6 Die Olympischen Sommerspiele 1992 markieren einen Wendepunkt in der neueren Geschichte Barcelonas. In kürzester Zeit wurden Infrastrukturen verbessert, Stadtviertel aufgewertet und ein gigantisches Stadion gebaut, was weltweit für Aufmerksamkeit und ein positives Image sorgte. Der Olympische Ring ist ein Komplex aus mehreren Gebäuden mit dem **Palau Sant Jordi** *(Passeig Olimpic, 5–7)* von Arata Isozaki im Mittelpunkt. In der Indoor-Arena, die 24 000 Zuschauer fasst, werden immer noch Wettkämpfe ausgetragen, aber auch große Rock-Konzerte veranstaltet. Der Fernsehturm des spanischen Architekten Santiago Calatrava ragt neben dem **Schwimmbad Picornell** (siehe S. 172), das Badefreuden in olympischer Kulisse bietet, spektakuläre 188 m hoch empor. Das Olympiastadion Barcelona, offiziell **Estadi Olímpic Lluís Companys** *(Passeig Olimpic, 17–19)*, war eigentlich als Hauptstätte für die Olympischen Spiele 1936 in Spanien vorgesehen, die jedoch mit Ausbruch des Bürgerkriegs nach Deutschland verlegt wurden. Für die Spiele 1992 wurde es dann wieder instandgesetzt. Das Stadion, das 65 000 Zuschauer fasst, ist heute öffentlich zugänglich. Es wird für Fußball- und Rugbyspiele, für Leichtathletikwettkämpfe sowie als Konzertarena genutzt.

Parc de Montjuïc, Av. de l'Estadi, zwischen INEFC und Estadi Olímpic • www.barcelonaturisme.com • Metro: Espanya oder Paral·lel und Funicular

GUT **ESSEN**

■ **ELCHE**
Die Inhaber aus Valencia bieten klassische Reisgerichte wie *paella* oder *arròs negre d'elx amb calamarsets I carxofes* (schwarzer Reis mit jungen Tintenfischen und Artischocken). **Vila i Vilà, 71, Tel. 934 413 089, €€€**

■ **FUNDACIÓ JOAN MIRÓ**
Genießen Sie leichte mediterrane Küche in einem Restaurant mit Gartenblick. Oder bewundern Sie die Miró-Skulpturen bei einem kleinen Snack im ruhigen Innnenhof. **Avinguda de Miramar, 1, Tel. 933 290 768, €€**

■ **QUIMET & QUIMET**
Die Bar wird in vierter Generation von derselben Familie geführt. Probieren Sie *montaditos* (Canapés mit Belag nach Saison) oder einen *combinado* (kleine gemischte Platte). **Poeta Cabanyes, 25, Tel. 934 423 142, €€**

STADTVIERTEL- **TOUR**

> **CLEVER REISEN**
>
> Mit dem Articket BCN ist der Eintritt in mehrere Museen inklusive: Fundació Joan Miró, Museu Picasso, Museu Nacional, CCCB, MACBA, Fundació Antoni Tàpies. Erhältlich an den Museumskassen oder in Touristen-Büros *(ca. € 30, auch online unter: www.barcelonaturisme.com)*.

Jardí Botànic

7 Klein, aber wunderschön. Der Botanische Garten eröffnete 1999 auf einem zuvor unerschlossenen Teil des Hügels. Abseits vom Trubel der Stadt bietet heute ein befestigter und beschilderter Weg spektakuläre Aussichten über das Olympiagelände bis zu den Hügeln des **Garraf-Gebirges**. Auf Ihrem Rundgang sehen Sie Pflanzen aus allen mediterranen Klimaregionen der Welt – aus Australien, Chile, Kalifornien und Südafrika ebenso wie aus dem gesamten Mittelmeerraum. Der Garten nimmt Sie mit auf eine Reise in weit entfernte Gebiete, zu den Lorbeerwäldern der Kanaren mit seltenen Arten wie dem Johannisbrotbaum oder dem Zungenmäusedorn.

Dr. Font i Quer, 2 • www.jardibotanic.bcn.cat • Tel. 932 564 160 • € • geschl. 1. Jan, 1. Mai, 24. Juni, 25. Dez • Metro: Espanya oder Paral·lel und Funicular

Fundació Joan Miró

8 Geboren in der Altstadt von Barcelona, wurde Joan Miró zu einer Lichtgestalt der surrealistischen Bewegung. Sein katalanischer Freund, der rationalistische Architekt Josep Lluís Sert, entwarf das strahlend weiße Gebäude. Durch Oberlichter und einen zentralen Innenhof fällt Licht auf Mirós Werke, auf 200 Gemälde, 180 Skulpturen und tausende Zeichnungen ebenso wie auf farbenprächtige Wandteppiche, die »**Tapís**«, die speziell für das Gebäude entworfen wurden. Werke von Zeitgenossen Mirós wie Marcel Duchamp, Max Ernst und Juli González finden sich ebenfalls darunter. Alexander Calder schenkte der Stiftung seine mobile Skulptur »**Mercury Fountain**« (Quecksilber-Springbrunnen) als Homage an seine Freundschaft mit Miró. Die regelmäßigen temporären Ausstellungen zeitgenössischer Kunst genießen hohes Ansehen.

Parc de Montjuïc • www.fundaciomiro-bcn.org • Tel. 934 439 470 • €€€ • geschl. Mo, 1. Jan, 25./26. Dez • Metro: Espanya oder Paral·lel und Funicular

Castell de Montjuïc

9 Das Kastell auf dem höchsten Punkt des 183 m hohen Montjuïc war für viele Katalanen lange Zeit ein Symbol der Unterdrückung durch die bourbonischen Herrscher in Madrid. Es wurde von bourbonischen Truppen überfallen und Ende des 18. Jh. in seiner jetzigen Form mit großen Burggräben und Ringmauern wieder aufgebaut. Insbesondere während des Spanischen Bürgerkriegs war es Zeuge vieler Gefangennahmen und Hinrichtungen: Lluís Companys, Präsident der Generalitat, wurde 1940 hier erschossen. 2007 wurde das Kastell in einem feierlichen Akt an Katalonien zurückgegeben; seither weht hier stolz die rot-gelbe katalanische Flagge. Im Inneren führt eine Ausstellung durch die Geschichte des Kastells und des Bergs. Das Open-Air-Filmfestival im Sommer lädt zum nächtlichen Picknick unter den Sternen ein. Zurück geht es mit der Seilbahn oder zu Fuß durch eine Reihe hübsch gestalteter Gärten.

Ctra. de Montjuïc, 66 • www.bcn.cat • Tel. 932 564 445 •
Metro: Espanya oder Paral·lel und Funicular

Ein Relikt aus der militärischen Vergangenheit: die gusseiserne Kanone an der Außenmauer.

IM **DETAIL**

Museu Nacional

Das imposante Nationalmuseum zeigt die weltweit bedeutendste Sammlung katalanischer Kunst, vom Mittelalter bis ins 20. Jahrhundert.

Die Museumsterrasse überschaut die Stadt mit Blick auf die Quatre Barres.

Das Nationalmuseum präsentiert im Hauptgebäude der Weltausstellung von 1929 Schätze der katalanischen Kunst. Beeindruckend und gebieterisch, mit Blick auf die Stadt, steht es hoch oben an der breiten Treppe der Avinguda de la Reina Maria Cristina. Der Bestand des Museums umfasst einen Zeitraum von über tausend Jahren, vom Mittelalter bis zur Moderne. Die einzelnen Perioden sind klar voneinander getrennt, sodass Sie sich genau die Ausstellung vornehmen können, die Sie am meisten interessiert.

■ ROMANIK

Die Romanische Abteilung enthält einige der europaweit besten Kunstwerke im romanischen Stil, darunter gut erhaltene Fresken, die in den Pyrenäen aus verfallenden Kirchen gerettet wurden. Glanzlichter sind komplette Wandmalereien aus dem 11. bis 13. Jh., wie »**Christ in Majesty**« aus einer Kirche in Taüll, die hierher verbracht und restauriert wurden. Die Sammlung zeigt auch bemalte Holzskulpturen, darunter »**Descent from the Cross**«, ebenfalls aus Taüll.

■ GOTHIK

Der Reichtum, der in der Zeit der Gotik in die Stadt floss, wurde verwendet, um Kirchen mit zierenden Kunstwerken auszustatten. Das Museum beherbergt heute viele dieser Kunstwerke, darunter »**Nativity**« von Lluís Borrassà aus dem Kloster Santes Creus. Die gotische Bewegung, vor allem aus Frankreich und Italien, beeinflusste das Schaffen katalanischer Künstler wie Jaume Huguet und Bernat Martorell. Ihre Werke hängen neben Gemälden italienischer Maler wie »**Madonna of Humility**« von Fra Angelico aus der Sammlung Thyssen-Bornemisza.

> **HINTERGRUND**
>
> Das Museumsrestaurant Òleum befindet sich in dem Raum, in dem König Alfonso XIII 1929 die Weltausstellung eröffnete. Besonders schön ist der abendliche Blick auf die Stadt, wenn langsam die Lichter angehen (Tel. 932 890 679, Di–Sa). Weiter oben bietet ein Café auf der Dachterrasse ebenfalls einen fantastischen Blick.

■ RENAISSANCE & BAROCK

Diese Abteilungen präsentieren Werke internationaler Künstler wie Rubens oder Tizian ebenso wie Werke spanischer Künstler wie El Greco, Velázquez und Zurbarán. Verpassen Sie auf keinen Fall Zurbaráns gewaltiges Werk »**Der heilige Franziskus von Assisi nach der Vision von Papst Nikolaus V**«.

■ MODERNE

Katalanische Künstler des 19. und 20. Jh. wie Marià Fortuny, Nonell und Rusiñol sind außerhalb Spaniens wenig bekannt, aber sehr sehenswert. Besuchen Sie auch die *modernista*-Abteilung mit Innendekorationen und Möbeln von Gaudí oder Skulpturen wie »**Desolation**« von Josep Llimona. Ausgestellt sind auch Fotografien, Drucke, Zeichnungen und Briefmarken.

Palau Nacional, Parc de Montjuïc • www.mnac.cat • Tel. 936 220 376 • €€€ • geschl. Mo (außer an gesetzlichen Feiertagen), 1. Jan, 1. Mai, 25. Dez • Metro: Espanya

TYPISCH **BARCELONA**

Künstler in der Stadt

Barcelona, Heimat avantgardistischer und surrealistischer Künstler, eilt der Ruf der Kreativität voraus. Seit dem 19. Jh. floriert die Kunst auf Straßen und in Galerien. Die schmuddeligen Straßen der Altstadt sowie das klare Licht in den Bergen und am Meer inspirierte einige der kreativsten Künstler — Picasso, Miró und Tàpies, denen die Stadt jeweils ein Museum gewidmet hat.

Eines der letzten Werke von Joan Miró in den typischen Farben ist die 21 m hohe Skulptur »Dona i Ocell« (Frau und Vogel, oben) im Parc de Joan Miró (siehe S. 59). Das Künstler-Trio – Miró, Picasso und Dalí (gegenüber) – war Barcelona und Katalonien stark verbunden.

Patronage & Reichtum

Das industrielle Treibhaus Barcelona brachte Mitte des 19. Jh. Kunstmäzene ebenso hervor wie eine Generation junger Männer mit Familieneinkommen, die ihnen ein Leben als Maler erlaubten. Diese wirkten in Barcelona in etwa zur gleichen Zeit wie die Postimpressionisten in Paris, daher war das künstlerische Band zwischen den beiden Städten immer sehr stark.

Ramon Casas war der führende *modernista*-Künstler jener Zeit. Er gründete die **Els Quatre Gats Bar** (siehe S. 104), heiratete ein Blumenmädchen von der Rambla und lebte in der **Casa Casas** (heute ein Designgeschäft am Carrer de Vinçon; siehe S. 31, 109). Seinen guten Freund Santiago Rusiñol zog es ins nahe gelegene Fischerdorf Sitges. Dorthin lud Rusiñol Künstler in sein Studio ein, das heute das **Museu Cau Ferrat** ist *(Sitges, 938 940 364)*. Rusiñol wiederum beeinflusste Pablo Picasso, der als Jugendlicher nach Barcelona kam, als sein Vater an die Kunstschule im Barri Gótic berufen wurde. Dort freundete sich die Familie Picasso mit der Familie von Joan Miró an.

Katalanische Einflüsse

Obgleich Barcelona für seine modernen Künstler bekannt ist, hing die Stadt nicht immer der avantgardistischen Kunst an. Mirós bunte Kompositionen wurden auf seiner ersten Ausstellung im La Sala Dalmau verachtet. Picasso ging nach Paris, doch Barcelonas Einfluss klang in seinen Werken nach. Sein »Les Demoiselles d'Avignon« (1907) stellt Prostituierte am Carrer Avinyó dar und markiert einen Schlüsselmoment in der Entwicklung der modernen Kunst. Katalanische Künstler beschritten neue Wege, blieben aber auch ihren Wurzeln treu. Picasso und Dalí bewunderten Velázquez, während sich Antoni Tàpies von der katalanischen Romanik inspirieren ließ, obgleich seine Werke gänzlich abstrakt sind.

SALVADOR **DALÍ**

In Katalonien kann man an einem Tag gleich drei Dalí-Museen besuchen:

Casa-Museu, Port-Lligat bei Cadaqués. Das Museum besteht aus zwei Fischerhütten, die Dalí über 50 Jahre lang bewohnte.
www.salvador-dali.org

Gala Dalí Castle, Púbol. Dalí kaufte es für seine Frau Gala. Das mittelalterliche Schloss gibt Einblicke in ihre letzten gemeinsamen Jahre.
www.salvador-dali.org

Theatre-Museum, Figueres. Ein surrealistischer Bau, in dem Dalí begraben liegt.
www.salvador-dali.org

BEST **OF**

Sportbegeistertes Barcelona

Barcelona hat ein reiches sporthistorisches Erbe: den ältesten Tennisverein Spaniens, Segelregatten von Weltrang, eine Formel-1-Rennstrecke und nicht zuletzt das Olympiagelände. Die ganze Stadt ist dabei, wenn Barça ein Heimspiel hat, aber nicht nur einfach als Zuschauer – sondern mit fieberhafter Begeisterung!

MONTJUÏC

■ Auf der Strasse
Langstrecken-Radeln ist in Spanien sehr populär. Der **Alto de Montjuïc**, eine 1,9 km lange Strecke mit durchschnittlich 4,8 Prozent Steigung ist auch für erfahrene Radler eine Herausforderung.

Auf dem Circuito de Montjuïc wurden bis in die 1970er Formel-1- und Motorradrennen ausgetragen, heute finden dort klassische Radrennen und Oldtimerrallyes statt. Der **Circuit de Catalunya** (Mas »La Moreneta« PD, 27, Montmelo, Tel. 935 719 700) im Norden der Stadt bietet das ganze Jahr über Führungen an.

■ In und auf dem Wasser
Im Olympischen Schwimmbecken **Piscines Picornell** (Av. de l'Estadi, 30, Tel. 934 234 041) auf dem Montjuïc finden bis heute Wettkämpfe statt, ansonsten ist es öffentliches Schwimmbad. Turmspringer trainieren im **Piscina Municipal de Montjuïc** (Avinguda de Miramar, 31, Tel. 934 430 046), das nur im August geöffnet ist: Tauch- und Badespaß pur bei spektakulärem Blick auf Barcelona!

Segelkurse werden im **Port Olímpic** angeboten: Das Centre Municipal de Vela (Moll de Gregal, s/n, Port Olimpic, Tel. 932 257 940) gibt Auskunft. Der **Royal Barcelona Yacht Club** in Port Vell (Moll d'Espanya, s/n, Tel. 932 216 521) mit 200 Liegeplätzen hat ebenfalls eine Segelschule. Der Club organisiert zwölf Regatten pro Jahr, darunter die internationale Segelmeisterschaft im Juli und das Barcelona World Race.

■ Tennis
Lust auf ein Tennis-Match auf dem Montjuïc? Buchen Sie einen Platz im **Pompeia Club Tennis** (Carrer de la Fuxarda, 2–16, Tel. 933 251 348) oder **Club Natació** (Segura, s/n, Tel. 933 318 288). Der spanische Nationalheld Rafael Nadal hat das ATP Turnier von

Autorennen ziehen Zuschauermassen zum Circuit de Catalunya vor den Toren der Stadt.

Barcelona mehrfach gewonnen. Es wird am Tibidabo in den Anlagen des **Reial Club de Tennis Barcelona** *(Bosch i Gimpera, 5–13, Tel. 932 037 852)* ausgetragen. Auch im **Real Club Polo de Barcelona** *(Av. del Dr. Maranon, 19–31, Tel. 934 480 400)*, dem Polo-Club der Stadt, wird Tennis gespielt.

■ FC Barcelona

Camp Nou ist die Heimspielstätte des FC Barcelona (siehe S. 154–155), wo während wichtiger Spiele, insbesondere gegen den Erzrivalen Real Madrid, die Fanhymne »El Cant de Barça« durch die Straßen schallt. Daneben finden hier auch Spiele anderer Mannschaften sowie Großereignisse statt.

STIERKAMPF

Im La Monumental, einer Stierkampf-Arena im Mudéjar-Stil, fand im September 2011 der letzte Stierkampf in Katalonien statt, nachdem die Regionalregierung als erste in Spanien Stierkämpfe verboten hatte. Die Zukunft der Arena ist ungewiss. Barcelonas andere Stierkampfarena, Las Arenas, ist heute ein Einkaufszentrum (siehe S. 162).

■ Eislauf

Wer Lust auf Eislaufen hat, besucht die öffentliche Eisbahn im **Palau Blaugrana** *(Av. Joan XXIII, s/n, Tel. 934 963 631)*. Hier trainieren auch die Eishockey-, Rollhockey-, Handball- und Basketball-Mannschaften der Stadt.

TEIL 3

Praktische Reisetipps

PRAKTISCHE **REISETIPPS**

REISEPLANUNG

Beste Reisezeit
Die Stadt ist das ganze Jahr über ein beliebtes Reiseziel, auch wenn zu manchen Zeiten mehr los ist als zu anderen. Zu den Spitzenzeiten gehören Ostern, Weihnachten und Neujahr sowie die Sommermonate. Am ruhigsten ist es **von Dezember bis Ende Februar** (ausgenommen Weihnachten und Silvester). Der **Karneval im Februar** (Hochburg in Sitges, siehe S. 91) markiert für viele das Ende des Winters.

Wer die brütende Hitze der Sommermonate vermeiden will, kommt am besten **Ende April bis Juni**. Die meisten Einheimischen nehmen ihren Urlaub im **August** – dann wirkt die Stadt seltsam ausgestorben: leere Straßen, geschlossene Geschäfte, kaum Einheimische auf der Straße. Auch Banken und Ämter haben dann nur wenige Stunden am Vormittag geöffnet. Das Sommerloch wird ausgefüllt von den wenigen, die geblieben sind, um die Theatersaison oder Straßenfestivals zu genießen, und von ausländischen Touristen.

Klima
Abgesehen von der extremen Hitze und Schwüle im Sommer, genießt Barcelona ein mildes Mittelmeerklima. Der Frühling ist eher unbeständig, und man weiß nie, ob es kalt, nass oder heiß wird. Sobald der Frühsommer Einzug hält – von Ende April bis Juni –, werden die Tage heller und manchmal schon richtig heiß. Juli und August sind die heißesten Monate. Von Ende September bis Oktober kann es richtig schütten, während der November meist kühl, dafür aber trocken und sonnig ist. Die Winter sind kalt, aber nicht übermäßig frostig.

Versicherung
Schließen Sie eine Reiseversicherung mit ausreichend hohem Schutz ab, die medizinische Notfallhilfe, Verlust, Diebstahl und Rückführungskosten abdeckt.

ANREISE

Mit dem Flugzeug
Barcelonas Flughafen **El Prat** *(902 404 704)* liegt 12 km südwestlich der Stadt.

Von dort ins Stadtzentrum zu kommen geht relativ schnell und einfach. Die Regionalbahn **Rodalies Barcelona** fährt von einem Bahnhof, den man in rund 5 Gehminuten über eine Überführung zwischen Terminal A und B erreicht. Zentrale Haltestellen sind u. a. Estacio Sants und Passeig de Gracia. Die Züge fahren alle halbe Stunde zwischen 6 und 22.29 Uhr. (Fahrtdauer nach Sants 19 Minuten; nach Passeig de Gracia 24 Minuten). Abfahrtszeiten von Sants zum Flughafen: von 05.33–22.55 Uhr; vom Passeig de Gracia entsprechend 5 Minuten früher. Tickets kosten 3,80 € (einfache Fahrt) und sind am Ticketschalter oder am Automaten am Bahnhof erhältlich.

Der **A1 Aerobús** (Shuttle-Service) fährt alle 8–15 Minuten von 6 Uhr morgens bis 1 Uhr nachts zur Plaça de Catalunya über Plaça d'Espanya. Abfahrtszeiten von der Plaça de Catalunya 5.30 Uhr bis 0.15 Uhr. Die Fahrt dauert etwa 40 Minuten. Ein Taxi zum Hauptbahnhof Barcelona kostet rund 25 €.

Mit Bahn und Bus
Der Bahnhof Estació Sants an der Plaça dels Països Catalans ist der Hauptbahnhof für nationalen und internationalen Zugverkehr. Nähere Informationen gibt die **Renfe** *(www.renfe.es, 902 240 202)*, die spanische Bahngesellschaft. Die meisten nationalen Linienbusse kommen am Estació de Nord an und fahren auch dort ab *(Carrer d'Ali Bei, 80, 902 303 222)*. Viele internationale Reisebusse fahren am Busbahnhof Estació d'Autobuses de Sants ab, gleich neben dem Bahnhof Estació Sants.

UNTERWEGS IN BARCELONA

Öffentlicher Nahverkehr
Busse, U-Bahnen (Metro) und Vorortzüge sind im Tarifsystem der **Autoritat del Transport Metropolità (ATM)** zusammengeschlossen. Das Streckennetz besteht aus sechs Zonen und reicht weit über die Innenstadt hinaus, wobei die meisten Sehenswürdigkeiten in Zone 1 liegen. Ein Einzelticket kostet 2 €. Die T-Tickets

(targetes) sind Mehrfahrtentickets, die an den meisten Metro-Stationen und Kiosks erhältlich sind. Die 10er-Karte T-10 kostet 9,80 €. Nach dem Entwerten sind die Tickets für eine Wegstrecke 75 Minuten lang gültig und mit Metro, Bus und Bahn kombinierbar. Die Tageskarte T-Dia für eine Person kostet 7,25 € und gilt für beliebig viele Fahrten an einem Tag. Das T-50/30-Ticket ist 30 Tage lang für bis zu 50 Fahrten gültig. Das T-MES-Ticket ist eine Monatsfahrkarte für eine unbegrenzte Anzahl von Fahrten (52,75 €). Mehr Infos unter: 010 oder 932 051 515 (nur für Züge der FGC). Der Verkehrsverbund TMB führt vier Kundencenter: im Estació Sants (Hauptbahnhof der Renfe) sowie an den Metro-Haltestellen Universitat, Diagonal und Sagrada Familia.

Mit der Metro

Die Metro hat sechs Linien, die nummeriert und farbig gekennzeichnet sind – die einfachste Art, die Stadt zu erkunden. Achten Sie immer auf Ihre Tasche (vor allem im Gedränge der Stoßzeiten), denn hier operieren viele Taschendiebe. Betriebszeiten: So–Do 5 Uhr–Mitternacht, So–Fr 5–2 Uhr, Sa, So und feiertags 24 Stunden.

FGC (Ferrocarrils de la Generalitat de Catalunya)

Die FGC, eine regionale Bahngesellschaft, betreibt einige Vorortlinien, die auch das Zentrum Barcelonas abdecken. Betriebszeiten: So–Do 5–23 Uhr, Fr und Sa 5–2 Uhr.

Rodalies/Cercanías

Betreiber dieser Nahverkehrszüge in die Vororte wie Sitges oder Vilafranca del Penedès ist die Renfe. Betriebszeiten: 5–23 Uhr (auf manchen Strecken früher). Haltestellen: Sants, Plaça de Catalunya, Passeig de Gràcia und andere.

Mit dem Bus

Barcelona verfügt über ein gut ausgebautes Busnetz, auch wenn die Metro schneller und bequemer ist. Nachtbusse sind die Ausnahme, verkehren aber auf bestimmten Routen, meist ab Plaça de Catalunya. **TMB** (Tagverkehr), Betriebszeiten: 5–23 Uhr (kann abweichen, am besten vorab informieren). **TMB Nitbus** (Nachtbetrieb) Betriebszeiten: 23–5 Uhr (auf manchen Strecken früher).

Mit dem Taxi

Die offiziellen Taxis sind gelbschwarz, überall zu finden und im europäischen Vergleich recht preiswert. In aller Regel halten sich die Taxifahrer an die Vorschriften und schalten das Taxameter ein. Beachten Sie, dass der Endpreis mit Extrakosten noch steigen kann (z. B. für großes Gepäck oder Fahrten zum Flughafen). Zwischen 21 und 7 Uhr an Werktagen sowie an Sonn- und Feiertagen gelten höhere Tarife. Sie können ein Taxi auf der Straße heranwinken oder am Taxistand einsteigen. Ein grünes Licht auf dem Dach heißt, das Taxi ist frei. Bisweilen sieht man auch ein Schild hinter der Windschutzscheibe mit der Aufschrift *lliure* oder *libre* (Katalanisch und Spanisch für »unbesetzt«). Telefonischer Taxi-Ruf unter 932 250 000, 933 300 300, 933 001 100 oder 933 222 222. Allgemeine Informationen unter 010.

Organisierte Sightseeing-Touren

Radtouren
Anbieter gibt es viele: **Bike Tours Barcelona** *(Carrer de l'Espartaria, 3, www.biketours barcelona.com, 932 682 105)* oder **Fat Tire Bike Tours** *(Carrer dels Escudellers, 48, www.fattiretoursbarcelona.com, 933 013 612)*.

Bootstouren

Die **Golondrinas** *(siehe S. 82; 934 423 106)* starten halbstündlich zu Hafenrundfahrten am Moll de les Drassanes *(5 €)*. Geboten werden auch 90-minütige Fahrten auf einem Glasboden-Katamaran zum Port Olímpic *(10,50 €)*.

Bustouren

Bus Turístic bietet Stadtrundfahrten mit einem Hop-on-Hop-off-Service auf zwei Routen, bei dem Sie an 37 Haltestellen beliebig oft ein- und aussteigen können. Tickets sind im Bus erhältlich, kosten 19 € für einen Tag und 23 € für zwei aufeinanderfolgende Tage. Auskunft gibt **Julia Tours**

PRAKTISCHE **REISETIPPS**

(Ronda de la Universitat, 5, 933 176 454) oder **Pullmantur** *(Gran Via de les Corts Catalanes, 645, 933 180 241).*

Zu Fuß durch die Stadt
Geführte Touren durch das Barri Gòtic *(11 €)* starten am Samstag und Sonntag um 10 Uhr vor der Touristen-Information an der Plaça de Catalunya. Dort werden auch weitere Touren angeboten wie *modernista*-Rundgänge, Spaziergänge auf den Spuren Picassos oder kulinarische Touren.

PRAKTISCHE TIPPS

Strom
Die Netzspannung beträgt in Barcelona (wie in ganz Europa) 230 Volt Wechselstrom.

Geld
Die spanische Währung ist der Euro. Kredit- oder EC-Karten werden an Geldautomaten *(caixer automàtic/cajero automàtico)* angenommen, die sich meist außen am Bankgebäude befinden. Um sicherzugehen, dass die PINs auch im Ausland gültig sind, informieren Sie sich vor Reiseantritt bei Ihrer Heimatbank. Für den Bargeldbezug am Geldautomaten können mitunter hohe Gebühren anfallen.

Öffnungszeiten
Öffnungszeiten von Banken variieren sehr stark, aber grob gelten Kernzeiten von Montag bis Freitag zwischen 8 und 14 Uhr. Manche Banken haben auch bis 16 Uhr geöffnet (mitunter auch länger). In den heißen Sommermonaten schließen alle Banken um 14 Uhr.

Bars und Kneipen hingegen haben sehr flexible Öffnungszeiten, egal ob Cafés, Bars oder Restaurant. Viele Bars, die auf Tageskundschaft zielen, schließen gegen 22 Uhr. Ein paar wenige im Zentrum haben auch länger geöffnet, und neben Alkohol ist auch immer ein Kaffee zu bekommen. Restaurants haben üblicherweise zur Mittagszeit von 13 bis 16 Uhr geöffnet und abends von 21 Uhr bis Mitternacht.

Ladenöffnungszeiten variieren, aber viele Läden haben von Montag bis Freitag von etwa 10 bis 20 Uhr geöffnet, am Nachmittag zwischen 14 und 16 Uhr aber meist geschlossen. Viele haben auch am Samstag geöffnet, mitunter aber nur bis 14 Uhr.

Kirchen und Ämter sind über Mittag meist geschlossen.

Post
Das **Hauptpostamt** *(Plaça d'Antoni López, 08002, 902 197 197)* hat Montag bis Samstag von 8.30 bis 22 Uhr geöffnet, am Sonntag zwischen 12 und 22 Uhr. Kleinere Filialen sind Montag bis Freitag zwischen 8.30 und 14 Uhr geöffnet, ein paar wenige von Montag bis Freitag von 8.30 bis 20.30 Uhr und Samstag von 9.30 bis 13 Uhr.

Die **Correus**, wie die Post auf Katalanisch heißt, betreibt überall in der Stadt Filialen, allerdings nur wenige im Zentrum von Barcelona. Briefmarken für einfache Briefe und Karten gibt es auch an den *estancos* (Tabakläden), erkenntlich an den gelb-braunen *tabacos*-Schildern. Postlagernde Sendungen zur Abholung im Hauptpostamt sollten mit Ihrem Namen adressiert sein an Lista de Correos, 08080 Barcelona. Zu Abholungen bringen Sie Pass oder Ausweis mit.

Gelbe *bústies/buzones* (Briefkästen) finden sich vor Postämtern und überall in der Stadt. Adressen in Barcelona können sehr kompliziert sein, da sie auch die Apartment-Nummer in Wohn- oder Geschäftshäusern ganz genau angeben. So etwa liest sich »C/Carme 14, 3 D Int.« völlig unverständlich und bedeutet: C. Carme, Hausnummer 14, 3. Obergeschoss rechts *(dreta/derecha)*, hinten (wenn es mehrere Etagen gibt, liegen einige zur Straße, andere nach hinten hin).

Telefonieren
Alle spanischen Telefonnummern haben neun Ziffern. Die ersten zwei oder drei (93 für Barcelona) kennzeichnen die Provinz und müssen immer vorgewählt werden, auch wenn man vom Zimmer nebenan anruft. Nummern, die mit einer 6 beginnen, sind Handy-Nummern. Gebührenfreie Nummern beginnen mit 900.

Anrufe aus dem Ausland nach Spanien haben die Vorwahl 0034, auf die die neunstellige Telefonnummer folgt. Die Nummer der spanischen Telefonauskunft ist die 11888, die der internationalen Telefonauskunft die 11825.

Zeitunterschied
In Spanien gilt die Mitteleuropäische Zeit (MEZ).

Trinkgeld
In Spanien wird im Restaurant nicht unbedingt Trinkgeld gegeben, aber es ist üblich, ein paar Münzen zu hinterlassen (5 Prozent des Rechnungsbetrags genügen durchaus), falls der Service nicht inklusive ist. Einheimische geben Trinkgeld *para el bote* (für die »Kaffeekasse«). Wer will, gibt Hotelportiers oder Zimmermädchen bei Abreise ein kleines Trinkgeld.

Reisende mit Mobilitätseinschränkungen
Barcelona macht in Sachen Behindertenfreundlichkeit rasch Fortschritte, insbesondere was Reisende im Rollstuhl anbelangt, die in aller Regel auf Begleitung angewiesen sind. Bislang bietet die Metro-Linie 2 Fahrstühle zu allen Bahnsteigen, einige andere Linien nur an vereinzelten Haltestellen.

Die Stadt ist derzeit dabei, diesen Umstand zu verbessern, sodass in Kürze alle Metro-Haltestellen einen barrierefreien Zugang haben dürften. Auch immer mehr Busse sind an die Bedürfnisse von Behinderten angepasst. Behindertengerechte Taxis bietet **Fono Taxi** unter der Nummer 933 001 100. Auch eine Website zum Thema behindertengerechtes Reisen in Barcelona gibt Auskunft: *www.accessible barcelona.com*.

TOURISTEN-INFORMATION

Nützliche Websites
Turisme de Barcelona *(www.barcelonaturisme.com)* ist die offizielle Website der Stadt für Touristen. Auch die Website des Ajuntament de Barcelona (Rathaus) unter www.bcn.cat enthält interessante Informationen zur Stadt sowie Stadtpläne.

Touristen-Büros
Oficina d'Informació de Turisme de Barcelona (Fremdenverkehrsamt), Placa de Catalunya, 17-S (Tiefgeschoss), 08002, 932 853 832. Metro: Catalunya. Täglich geöffnet 9–21 Uhr. Weitere Touristen-Büros finden sich am Bahnhof Estació Sants Bahnhof und am Flughafen. Zudem gibt es eine landesweite touristische Servicestelle *(901 300 60)*.

NOTFÄLLE

Konsulate
- **Deutsches Generalkonsulat**, Torre Mapfre, Calle de la Marina, 16, 932 92 10 00
- **Konsulat von Österreich**, Spain Marie Cube, 7, 1e, 2a, 933 686 003
- **Schweizerisches Generalkonsulat**, Gran Via de Carlos III, 94, 934 090 650

Notfall-Nummern
Allgemeine Notfälle (alle Dienste) 112
- Guàrdia Urbana (lokale Polizei) 092
- Policía Nacional (nationale Polizei) 091
- Guàrdia Civil (paramilitärische Polizeieinheit, Autobahnpolizei) 062
- Mossos d'Esquadra (Polizei von Katalonien) 088
- Feuerwehr 080
- Rettungswagen 061
- Hospital de la Santa Creu i de Sant Pau, Carrer de Sant Antoni Maria Claret, 167, 932 929 000
- Hospital Clínic i Provincial, Carrer de Villarroel, 170, 932 775 400

24-Stunden-Apotheken gibt es auf der Carrer d'Aribau 62 und auf der Passeig de Gracia 26. Weitere Apotheken haben wechselnde Notfalldienste (9–21 Uhr). An geschlossenen Apotheken weisen Schilder auf die nächstgelegene, Notdienst habende Apotheke. Eine aktuelle Liste findet sich auch in der Tageszeitung *El País*.

Fundsachen
Objetos perdidos (Ajuntament), Carrer de la Ciutat, 9, 010. Geöffnet Montag bis Freitag 9–14 Uhr. Wer im Taxi etwas liegenlässt, ruft die 902 101 564. Für verlorene Gegenstände in der Metro wendet man sich an das Centre d'Atenció al Client, Haltestelle Universitat, 933 187 074. Fundbüro am Flughafen 932 983 349.

HOTELS

Barcelona gehört zu den beliebtesten europäischen Reisezielen, entsprechend müssen Sie mit einem heißen Kampf um die besten Hotelzimmer rechnen. Buchen Sie also möglichst weit im Voraus. Da Barcelona im Kern recht kompakt ist und alle Sehenswürdigkeiten dicht beieinanderliegen, dürfte es kein Problem sein, ein Hotel zu finden, von dem aus vieles fußläufig erreichbar ist. Bedenken Sie, dass Barcelona für sein pulsierendes Nachtleben bekannt ist, sodass Sie vielleicht ein Zimmer bevorzugen, das nicht zur Straßenseite hin liegt. Die meisten Hotels akzeptieren Kreditkarten, kleinere Pensionen nicht immer.

PRAKTISCHE REISETIPPS

In den letzten Jahren sind viele Hotels dazugekommen, was die Zimmersuche etwas entspannter macht. Dennoch empfiehlt es sich, frühzeitig zu buchen. Viele Hotels verlangen eine Kreditkartennummer, um Reservierungen vorzunehmen. Abkürzungen für Kreditkarten sind: AE (American Express), DC (Diners Club), MC (MasterCard), V (Visa). Wer zu spät bucht, findet unter Umständen nur noch eine Unterkunft weit außerhalb der Stadt.

Der Hotelbau-Boom hat den steten Aufwärtsdruck auf die Zimmerpreise etwas gedrosselt. Die jahrelange Inflation hat sich einigermaßen gelegt. Unterkünfte in Barcelona sind immer noch günstiger als in vielen anderen europäischen Großstädten.

Der Boom hat auch dazu geführt, dass es viel mehr Pensionen und Boutique-Hotels gibt, die eine vorherige Marktlücke schließen. In der nachfolgenden Liste sind auch einige gute, einfache und günstige Pensionen mit familiärer Atmosphäre aufgeführt, zum Teil ohne Bad – die angegebenen Preise gelten aber immer für Zimmer mit Bad en Suite.

Barcelona ist eine der lautesten Städte in Europa. Viele Hotels bieten daher Zimmer, die von der Straße weg nach hinten gehen und erheblich ruhiger sind. Wer besonders lärmempfindlich ist, sollte Ohrstöpsel dabeihaben.

Einen Parkplatz zu finden ist in Barcelona so gut wie unmöglich, vor allem in der Altstadt. Viele der gehobeneren Hotels haben Tiefgaragen-Stellplätze, wenn nicht direkt im Haus, dann in unmittelbarer Nähe. Wenn Sie mit dem Auto anreisen, erkundigen Sie sich vorab nach Parkmöglichkeiten.

Hotelkategorien: Hotels in Spanien werden offiziell in drei Kategorien unterteilt: Hotels und Hotel-Residencias, Hostals und Hostal-Residencias, Pensionen. Innerhalb der einzelnen Kategorien werden Sterne nach verschiedenen Kriterien vergeben, weshalb ein Zwei-Sterne-Hotel in der Kategorie Hotel sich von einer Zwei-Sterne-Pension deutlich unterscheidet. Hotels (H) und Hotel-Residencias (HR) können ein bis fünf Sterne haben, abhängig von der Anzahl der Zimmer mit privaten Badezimmern, TV, Klimaanlage und anderen Ausstattungen. Die Zimmer der hier aufgeführten Hotels verfügen alle über ein eigenes Bad, sofern nicht anderweitig vermerkt.

Hostels (HS) und Hostal-Residencias (HSR) sind vergleichsweise schlichter, oft familiengeführt und können ein bis drei Sterne haben. Pensionen (P), die meist einfachsten Unterkünfte, haben einen oder zwei Sterne; es gibt sie zuhauf.

Das offizielle Sterne-Bewertungssystem ist kein besonders verlässliches Qualitätssiegel, und die Zimmerpreise richten sich nicht nach der Anzahl der Sterne. Viele Hotels ziehen es vor, aus steuerlichen Gründen in einer unteren Kategorie zu bleiben. In den Preisen ist die Umsatzsteuer enthalten, in manchen Fällen auch das Frühstück (Continental oder Buffet, oft obligatorisch).

Preisklasse

Die Preise für ein Doppelzimmer in der Hochsaison sind durch €-Zeichen angegeben.

€€€€€ über 300 €
€€€€ 220–300 €
€€€ 150–220 €
€€ 100–150 €
€ unter €100

Symbole

- Anzahl der Gästezimmer
- Öffentl. Verkehrsmittel
- Parkplatz
- Aufzug
- Klimaanlage
- Nichtraucher
- Außenpool
- Innenpool
- Fitnessstudio
- Kreditkarten

Einordnung

Die aufgeführten Hotels sind zunächst nach Stadtvierteln sortiert, danach alphabetisch und nach Preiskategorie.

BARRI GÒTIC

Im Barri Gòtic, dem Epizentrum von Barcelona, sind die Gassen tagsüber voller Menschen, Einheimischer wie Touristen. Nachts wird es an manchen Ecken ruhiger, während anderswo in Bars und Kneipen die Party brummt. Wie in anderen Altstadt-Vierteln ist es auch hier in der Nacht nicht immer ungefährlich, seien Sie also vorsichtig!

■ HOTEL 1898
€€€€ *****
LA RAMBLA, 109, 08002
TEL 935 529 552
FAX 935 529 550
www.hotel1898.com

Mitten auf der Rambla befindet sich dieses charmante, alte Gebäude, das in Kolonialzeiten Sitz der Philippinischen Tabakgesellschaft war. Aufmerksamer Service gehört hier zum guten Ton. Die Zimmer unterscheiden sich in ihrer Größe, bieten aber viel Komfort. Die Möbel sind geschmackvoll, die Duschen ein Traum. Manche Suiten haben einen privaten Indoor-Pool.

169 Metro: Linie 3 (Liceu)
Alle gängigen Kreditkarten

■ COLÓN
€€€ ****
AVINGUDA DE LA CATEDRAL, 7, 08002
TEL 933 011 404
FAX 933 172 915
www.colonhotelbarcelona.com

Das Hotel der Wahl schlechthin! Allein die Aussicht, die über den Platz bis zur Kathedrale reicht, lohnt den Preis. Wer das Glück hat, eins der oberen Zimmer mit Terrasse zu bekommen, wird sich im siebten Himmel fühlen. Wer jedoch eins der hinteren Zimmer erwischt, muss auf eine Aussicht ganz verzichten.

146 Metro: Linie 4 (Jaume I)
Alle gängigen Kreditkarten

■ NERI
€€€€ ****
CARRER DE SANT SEVER, 5, 08002
TEL 933 040 655
FAX 933 040 337
www.hotelneri.com

Weite Rundbögen, sorgfältig ausgesuchte Holzmöbel und modernstes Design (Plasma-TV mit Flachbildschirm) machen dieses Hotel in einer jahrhundertealten Stadtvilla zu einer fantastischen Option. Jedes Zimmer ist ganz individuell und in verschiedenen Farben eingerichtet. Die Sonnenterrasse lädt zu einer entspannten Verschnaufpause vom Sightseeing ein.

22 Metro: Linie 3 (Liceu)
Alle gängigen Kreditkarten

■ SUIZO
€€€ ***
PLAÇA DE L'ÀNGEL, 12, 08002
TEL 933 106 108
FAX 933 105 0461
www.gargallo-hotels.com

Trotz der alternden Fassade hat dieses Hotel moderne Zimmer, die schlicht und elegant eingerichtet sind. Ein bisschen weht hier der Charme der alten Zeiten, der in vielen neueren Hotels fehlt. Lecker: das reichhaltige Frühstücksbuffet.

50 Metro: Linie 4 (Jaume I)
Alle gängigen Kreditkarten

■ JARDÍ
€€ *
PLAÇA DE SANT JOSEP ORIOL, 1, 08002
TEL 933 015 900
FAX 933 183 664
www.eljardi-barcelona.com

Die zur Vorderseite gelegenen Zimmer machen dieses Hotel sehr begehrt. Wen der Straßenlärm stört, bucht möglichst ein Zimmer, das nach hinten geht.

40 Metro: Linie 3 (Liceu)
Alle gängigen Kreditkarten

■ LEVANTE
€ *
BAIXADA DE SANT MIQUEL, 2, 08002
TEL 933 179 565
FAX 933 170 526
www.hostallevante.com

In diesem Viertel wimmelt es nur so von preiswerten Hotels, aber dieses hier gehört zu den angesagteren. Es bietet eine große Auswahl an Zimmern unterschiedlicher Größe und Standards. Wer sich an ein bisschen Straßenlärm nicht stört, für den sind die Doppelzimmer mit Balkon genau das Richtige.

PRAKTISCHE REISETIPPS

HOTELS

① 50 Ⓜ️ *Metro: Linie 3 (Liceu)*
🅿️ 💳 *Alle gängigen Kreditkarten*

LA RAMBLA & EL RAVAL

Auf Barcelonas berühmtestem Boulevard reiht sich ein Hotel an das andere, von billigen Studentenherbergen bis hin zu jahrhundertealten Etablissements mit modernstem Komfort wie dem Le Meridien. Auch El Raval bietet einige sehr gute Hotels.

■ LE MERIDIEN
€€€€€ ****
LA RAMBLA, 111, 08002
TEL 933 186 200
FAX 933 017 776
www.starwoodhotels.com
Als eine der besten Adressen an der Rambla hat es das Le Meridien geschafft, sich gegen neue Konkurrenz zu behaupten. Die Zimmer sind mit luxuriösen Regenduschen und In-House-Kinos ausgestattet für alle, die eine Pause vom Sightseeing brauchen.
① 233 Ⓜ️ *Metro: Linie 3 (Catalunya oder Liceu)* 🅿️
🅿️ 💳 *Alle gängigen Kreditkarten*

■ CASA CAMPER
€€€€ ****
CARRER D'ELISABETS, 11, 08001
TEL 933 426 280
FAX 933 427 563
www.casacamper.es
Dieses trendige Boutique-Hotel hat eine ungewöhnliche Raumaufteilung: Sie bewohnen zwei voneinander getrennte

Zimmer, einen Schlafraum auf der einen Seite des Flurs und einen Wohnraum mit Hängematte auf der anderen. Die Möbel sind absolut hip, kommen allesamt aus dem lokalen Designer-Mekka Vinçon.
① 25 Ⓜ️ *Metro: Linie 3 (Liceu)*
🅿️ 💳 *Alle gängigen Kreditkarten*

■ SANT AGUSTÍ
€€€ ***
PLAÇA DE SANT AGUSTÍ, 3, 08001
TEL 933 181 658
FAX 933 172 928
www.hotelsa.com
Wenige Schritte von der Rambla entfernt, an einem beschaulichen Platz gelegen, bietet dieses neu renovierte Hotel gemütliche, unaufdringliche, aber moderne Zimmer, meist mit Blick über den Platz.
① 75 Ⓜ️ *Metro: Linie 3 (Liceu)* 🅿️ 💳 *Alle gängigen Kreditkarten*

■ MESÓN CASTILLA
€€ **
CARRER DE VALLDONZELLA, 5, 08001
TEL 933 182 182
FAX 934 124 020
www.husa.es
Im Mesón Castilla lebt der *modernisme*, insbesondere in den Buntglasfenstern und den Wandmalereien in den Gemeinschaftsbereichen. Die Zimmer sind gemütlich eingerichtet, und die Lage ist vergleichsweise ruhig. Genießen Sie ein entspanntes Frühstück in einem der Zimmer mit Blick zum Innenhof.
① 56 Ⓜ️ *Metro: Linien 1 & 2 (Universitat)* 🅿️ 🅿️
💳 *Alle gängigen Kreditkarten*

■ CONTINENTAL
€–€€ ***
LA RAMBLA, 138, 08002
TEL 933 012 570
FAX 933 027 360
www.hotelcontinental.com
Das ehemalige Grand Hotel versprüht einen Hauch von Charme aus alten Zeiten zum kleinen Preis. Versuchen Sie, ein Zimmer mit Blick auf die Rambla zu bekommen. Alle Zimmer haben Kühlschrank und Mikrowelle.
① 35 Ⓜ️ *Metro: Linien 1, 2, & 3 (Catalunya)* 🅿️ 🅿️
💳 *Alle gängigen Kreditkarten*

■ HOTEL PENINSULAR
€ *
CARRER DE SANT PAU, 34, 08001
TEL 933 023 138
FAX 934 123 699
www.hotelpeninsular.net
Dieses Hotel, das einst ein Kloster war, ist seit 1880 in Betrieb. Die Zimmer waren einmal Mönchszellen und sind bis heute relativ schlicht geblieben. Dafür sind sie nur einen Katzensprung von der Rambla entfernt und sehr preiswert. Der grüne Lichthof ist die Visitenkarte des Hotels.
① 59 Ⓜ️ *Metro: Linie 3 (Liceu)* 🅿️ 🅿️ 💳 *Alle gängigen Kreditkarten*

DER HAFEN

Viele Hotels haben Toplagen am Hafen. Eine Anhäufung modernster Hochhaushotels konzentriert sich im Viertel El Fòrum, und eine ganze Hotelzeile zieht sich von dort um den Hafen herum Richtung Port Vell.

■ **GRAND MARINA**
€€€€€ ****
MOLL DE BARCELONA S/N, 08039
TEL 936 039 000
FAX 936 039 090
www.grandmarinahotel.com
An der landwärtigen Flanke des World Trade Center, auf der Moll de Barcelona, direkt am Hafenbecken, liegt dieses Hotel in einem der schönsten Teile der Stadt. Die Zimmer sind allesamt geräumig, die schönsten in den Flügeln mit Meerblick. In den Zimmern und den sonnigen, öffentlichen Hotelbereichen dominiert Holz mit einem gewissen maritimen Flair.
🛈 235 Ⓜ Metro: Linie 3 (Drassanes) 🅿 ⮀ Ⓢ ⮂ 🐾
💲 Alle gängigen Kreditkarten

■ **HOTEL ARTS BARCELONA**
€€€€€ *****
CARRER DE LA MARINA, 19–21, 08005
TEL 932 211 000
FAX 932 211 070
www.ritzcarlton.com
Die Adresse schlechthin für den internationalen Jetset. Im 44. Stock in einem der Zwillingstürme mit Blick über den Port Olímpic bietet dieses Hotel Luxus pur. Skulpturen, Gemälde und Palmen sind Teil der Innendekoration.
🛈 455 Ⓜ Metro: Linie 4 (Ciutadella Vila Olímpica)
🅿 ⮀ Ⓢ ⮂ 🐾
💲 Alle gängigen Kreditkarten

■ **HOTEL 54**
€€€ **
PASSEIG JOAN DE BORBÓ, 54, 08003
TEL 932 250 054
FAX 932 250 080
www.hotel54barceloneta.es

Die Zimmer in diesem technisch hochmodernen Hotel sind recht funktional und haben meist Meerblick (sehr zu empfehlen!). Vor allem das individuell einstellbare Farbwechselspiel der Leuchten gefällt. Wenn Sie ein Zimmer haben, das nach hinten geht, genießen Sie vom Balkon aus herrliche Sonnenuntergänge.
🛈 28 Ⓜ Metro: Linie 4 (Barceloneta) ⮀ Ⓢ
💲 Alle gängigen Kreditkarten

■ **HESPERIA DEL MAR HOTEL**
€€ ****
CARRER DE ESPRONCEDA, 6, 08005
TEL 935 029 700
FAX 935 029 701
www.hesperia.com
Dieses Hotel mit Business-Charakter liegt etwas zurückgesetzt vom Hafen und erstreckt sich über ein halbes Dutzend Stockwerke. Für Strandbesuche ideal. Die Zimmer haben eine gute Größe, Parkettboden, breite Doppelbetten und zumeist auch Balkon, von dem aus Sie immer einen Blick aufs Meer erhaschen.
🛈 84 Ⓜ Metro: Linie 4 (Poblenou) 🅿 ⮀ Ⓢ
💲 Alle gängigen Kreditkarten

■ **HOTEL DEL MAR**
€€ ***
PLA DE PALAU, 19, 08003
TEL 933 193 302
FAX 933 193 047
www.hoteldelmarbarcelona.com
Das Hotel begrüßt Sie in einem denkmalgeschützten Gebäude mit modernen Zimmern in einer der besten Lagen der Stadt. Es liegt nur wenige Gehminuten entfernt vom Jachthafen und Port Vell, den Stränden und Restaurants in den Gassen von Barceloneta und dem quirligen Nachtleben von El Born. Die schönsten Zimmer haben Balkon.
🛈 72 Ⓜ Metro: Linie 4 (Barceloneta) ⮀ Ⓢ
💲 Alle gängigen Kreditkarten

LA RIBERA

La Ribera oder El Born, wie das Viertel genannt wird, wurde in den 1990ern umfassend saniert. Trotz aller Beliebtheit ist die Zahl der Hotels überschaubar geblieben, nimmt aber stetig zu, insbesondere entlang der Via Laietana, wo viele Hotels der oberen Preiskategorie ansässig sind.

■ **CHIC & BASIC**
€€–€€€ ***
CARRER DE LA PRINCESA, 50, 08003
TEL 932 954 652
FAX 932 954 653
www.chicandbasic.com
Ein riesiger Eingang führt hinein in dieses Eckgebäude mit schönen hohen Räumen. Drinnen erwartet Sie ein schillerndes Design in Weiß als beherrschende Farbe. Die Betten sind herrschaftlich groß (ebenso wie die zentrale Marmortreppe!) und superbequem. Einige Stilelemente des alten Gebäudes wurden erhalten.
🛈 31 Ⓜ Metro: Linie 4 (Jaume I)
Ⓢ 💲 Alle gängigen Kreditkarten

HOTELS

■ BANYS ORIENTALS
€€ ***
CARRER DE L'ARGENTERIA, 37, 08003
TEL 932 688 460
FAX 932 688 461
www.hotelbanysorientals.com
Klein, aber fein. Dominiert von kühlen Farben, Holzdetails und klaren Linien ist dieses elegante Boutique-Hotel mitten in einer Fußgängerstraße und nur zwei Minuten entfernt von der Església de Santa Maria del Mar eine ausgezeichnete Wahl. Die Zimmer sind eher klein.
🛏 43 🚇 Metro: Linie 4 (Jaume I) 🚌 🚇 🅿 Alle gängigen Kreditkarten

■ GRAND HOTEL CENTRAL
€€
VIA LAIETANA, 30, 08003
TEL 932 957 900
FAX 932 681 215
www.grandhotelcentral.com
Das Hotel für den gehobenen Geschmack: stilvolle Zimmer in einem prächtigen Gebäude der 1930er-Jahre. Die Farben sind angenehm gedämpft, und die Zimmer sind mit kleinen Extras wie MP3-Player ausgestattet. Ein weiteres Highlight ist der Pool auf der Dachterrasse.
🛏 147 🚇 Metro: Linie 4 (Jaume I) 🚌 🚇 🅿 🍴 🅿 Alle gängigen Kreditkarten

PASSEIG DE GRÀCIA

Gewiss, im Herzen der Innenstadt herrscht kein Mangelangebot an qualitativ guten Hotels an den großen Promenaden. Doch auch die engen, trendigen Gassen halten wunderbar kleine Juwelen bereit.

■ CASA FUSTER
€€€€€ *****
PASSEIG DE GRÀCIA, 132, 08008
TEL 932 553 000
FAX 932 553 002
www.hotelescenter.es
Schwer zu glauben, dass dieses außergewöhnliche *modernista*-Gebäude einmal eine Bank war. 2004 zum Luxushotel umgestaltet, liegt es in einer bevorzugten Lage am nordwestlichen Ende des Passeig de Gràcia. Genießen Sie die Ausblicke vom Dach. Zu den modernen, komfortablen Zimmern kommt das prunkvolle Ambiente.
🛏 105 🚇 Metro: Linien 3 & 5 (Diagonal) 🅿 🚌 🍴 🍸 🅿 Alle gängigen Kreditkarten

■ CLARIS
€€€€€ *****
CARRER DE PAU CLARIS, 150, 08009
TEL 934 876 262
FAX 932 157 970
www.hotelclaris.com
Eines der Tophotels der Stadt. Es ist bekannt für sein modernes Design sowie eine beträchtliche Kunstsammlung. Das Design der Zimmer reicht von klassischer Eleganz bis hin zu gewagten Farbkombinationen. Die Bar auf der Dachterrasse bietet einen Rückzugsraum in stilvollem Ambiente.
🛏 124 🚇 Metro: Linien 2, 3, & 4 (Passeig de Gràcia) 🅿 🍴 🍸 🅿 Alle gängigen Kreditkarten

■ HOTEL MURMURI
€€€€€ ****
LA RAMBLA DE CATALUNYA, 104, 08008
TEL 935 500 600
FAX 935 500 601
www.murmuri.com

In ausgezeichneter Lage am nordwestlichen Ende der grünen Einkaufsmeile in L'Eixample bietet dieses neue Hotel große Zimmer mit modernem Flair sowie kleine Extras wie iPod-Adapter. Die Lobby-Bar lädt zum Treffen mit Freunden ein.
🛏 53 🚇 Metro: Linien 3 & 5 (Diagonal) 🚌 🚇 🅿 🅿 Alle gängigen Kreditkarten

■ MAJÈSTIC
€€€€€ *****
PASSEIG DE GRÀCIA, 68, 08007
TEL 934 881 717
FAX 934 881 880
www.hotelmajestic.es
Das labyrinthartige Hotel hat wunderschön großzügige Zimmer. Helles, modernes Design fügt sich mit zeitlosem Stil harmonisch zusammen. Dezent platzierte Plastiken und Kunstwerke in den öffentlichen Hotelbereichen unterstreichen das erstklassige Ambiente.
🛏 301 🚇 Metro: Linien 2, 3, & 4 (Passeig de Gràcia) 🅿 🚌 🍴 🅿 Alle gängigen Kreditkarten

■ OMM
€€€€€ *****
CARRER DE ROSELLÓ, 265, 08008
TEL 934 454 000
FAX 934 454 004
www.hotelomm.es
Eine der Topadressen für Design-Hotels in Barcelona. Das Omm bietet modernsten Stil, ultramoderne Zimmer mit allem Komfort und Fenster, die sich von der glänzenden Fassade nach innen zu wölben scheinen.
🛏 59 🚇 Metro: Linien 3 & 5 (Diagonal) 🚌 🚇 🅿 🅿 Alle gängigen Kreditkarten

■ HOTEL SIXTYTWO
€€€€€ ****
PASSEIG DE GRÀCIA, 62, 08007
TEL 932 724 180
FAX 932 724 181
www.sixtytwohotel.com

Das schwere Eingangsportal in der Fassade aus den 1930ern ist so ziemlich das Einzige, was aus jener Zeit erhalten ist. Drinnen präsentiert sich dem Gast ein hochmodernes Luxus-Design-Hotel des 21. Jh. Herrlich entspannen lässt es sich im Zeroom mit Bibliothek oder im orientalischen Garten. Das Design der Zimmer ist geprägt durch klare Linien und wartet mit TV-Geräten von Bang & Olufsen auf.

ⓘ 45 Metro: Linien 2, 3, & 4 (Passeig de Gràcia)
P 🔲 🔲 Alle gängigen Kreditkarten

■ AXEL
€€€€ ****
CARRER D'ARIBAU, 33, 08011
TEL 933 239 393
FAX 933 239 394
www.axelhotels.com

Ein Hotel der Spitzenklasse, schwulen- und lesbenfreundlich, mitten im Herzen von Barcelonas gay-Quarter. Der Mix aus jahrhundertealter Architektur und moderner Einrichtung macht den Charme dieses Hotels aus. Und wenn Sie nach dem Sightseeing eine Runde entspannen möchten, genießen Sie in der Bar auf der Dachterrasse bei einem Cocktail den Sonnenuntergang.

ⓘ 66 Metro: Linien 1 & 2 (Universitat) 🔲 🔲 🔲
 Alle gängigen Kreditkarten

■ HOTEL CONDES DE BARCELONA
€€€€ ****
PASSEIG DE GRÀCIA, 73–75, 08008
TEL 934 450 000
FAX 934 453 232
www.condesdebarcelona.com

Das elegante Hotel besteht aus zwei Gebäudeteilen, die sich am Carrer de Mallorca gegenüberliegen. Versuchen Sie, ein Zimmer im älteren Gebäude zu bekommen, im stilvoll umgestalteten Casa Enric Batlló. Doch hüben wie drüben dürfen Sie sich auf luxuriös ausgestattete Zimmer freuen.

ⓘ 74 Metro: Linien 2, 3, & 4 (Passeig de Gràcia)
P 🔲 🔲 Alle gängigen Kreditkarten

■ ST. MORITZ
€€€€ ****
CARRER DE LA DIPUTACIÓ, 264, 08007
TEL 934 121 500
FAX 934 121 236
www.hcchotels.es

Das elegante Gebäude in L'Eixample bietet mit seinen geräumigen Zimmern (jedes mit Marmorbad) ein ausgesprochen angenehmes Ambiente. Genießen Sie einen Drink an der Bar auf der Gartenterrasse. Oder absolvieren Sie ein kleines Training im Fitnessraum.

ⓘ 91 Metro: Linien 2, 3, & 4 (Passeig de Gràcia)
P 🔲 🔲 🔲 Alle gängigen Kreditkarten

■ ASTORIA
€€€ ***
CARRER DE PARÍS, 203, 08036
TEL 932 098 311
FAX 932 023 008
www.derbyhotels.com

Das Astoria in einem klassischen Gebäude genießt eine bevorzugte Lage. Nur wenige Schritte vom Passeig de Gràcia entfernt, bietet dieses ansprechend renovierte Hotel geräumige, komfortable Zimmer.

ⓘ 117 Metro: Linie 3 (Diagonal) P 🔲 🔲 🔲
 Alle gängigen Kreditkarten

■ BALMES
€€€ ***
CARRER DE MALLORCA, 216, 08008
TEL 934 511 914
FAX 934 510 049
www.derbyhotels.com

Die weiße Backsteinfassade dieses modernen Hotels wirkt imposant und einladend. Die Zimmer haben ein gefliestes Bad und sind ausreichend groß. Entspannen lässt es sich am Pool im ruhigen Garten.

ⓘ 100 Metro: Linie 3 (Diagonal); FGC: Provença
P 🔲 🔲 🔲 Alle gängigen Kreditkarten

■ GOYA
€€ *
CARRER DE PAU CLARIS, 74, 08010
TEL 933 022 565
FAX 934 120 435
www.hostalgoya.com

Dieses ruhige, familiengeführte Hostal liegt in einer der trendigsten Straßen mitten im Zentrum von Barcelona. Von hier sind Sie zu Fuß schnell im Barri Gòtic und La Pedrera. Wenn möglich, buchen Sie eines der neu renovierten Zimmer, die mit warmen Parkettfußböden ausgestattet sind.

ⓘ 19 Metro: Linien 2, 3 & 4 (Universitat) 🔲 🔲 Alle gängigen Kreditkarten

PRAKTISCHE REISETIPPS

HOTELS | 185

HOTELS

■ HOTEL CONSTANZA
€€ **
CARRER DEL BRUC, 33, 08010
TEL 932 701 910
FAX 933 174 024
www.hotelconstanza.com
Ein kleines Boutique-Hotel mit heimeliger Atmosphäre, das bei Besuchern mit schmalerem Geldbeutel äußerst beliebt ist. Ein dezentes Farbkonzept belebt die tadellos sauberen Zimmer.
🛈 14 🚇 Metro: Linie 4 (Girona) 🔄 ♿ 🐾 Alle gängigen Kreditkarten

LA SAGRADA FAMÍLIA BIS PARK GÜELL

Rund um die beiden Gaudí-Attraktionen gibt es nur wenige bemerkenswerte Hotels.

■ HISPANOS SIETE SUIZA
€€€ ***
CARRER DE SICILIA, 255, 08025
TEL 932 082 051
FAX 932 082 052
www.hispanos7suiza.com
Seinem Namen entsprechend sieht man im Foyer überall Hispano-Suizas – für Oldtimer-Liebhaber ideal. Das Hotel bietet neben einem ausgezeichneten Restaurant Zimmer in Wohnungsgröße mit Küche und Platz für mindestens vier Personen.
🛈 19 🚇 Metro: Linien 2 & 5 (Sagrada Família) 🅿 🔄 ♿
🐾 Alle gängigen Kreditkarten

■ CASA DOVER
€
CÒRSEGA, 429, PRAL.1ª, 08037
TEL +34 672 250 387 (MOBIL)
www.casadover.com

Wenige Schritte von La Sagrada Família und La Pedrera entfernt, ist diese kleine Boutique-Pension eine gute Wahl. Moderne Möbel und ein dezentes Design in allen sieben Zimmern heben sich ab von der klassischen Fassade des Gebäudes. Zudem liegt es unweit vom In-Viertel Gràcia.
🛈 7 🚇 Metro: Linie 4 (Verdaguer)
🐾 Alle gängigen Kreditkarten außer AE & DC

CAMP NOU BIS TIBIDABO

Große, aber oft unpersönliche Hotels sprenkeln die breite Avinguda Diagonal. Hotels mit einer persönlicheren Note finden sich in Straßen abseits der üblichen Touristenpfade.

■ REY JUAN CARLOS I
€€€€€ *****
AVINGUDA DIAGONAL, 661–671, 08028
TEL 933 644 040
FAX 933 644 264
www.hrjuancarlos.com
Am Rande der Stadt bietet dieses Business-Hotel Luxus pur. Die Zimmer sind um eine offene Glasgalerie herum angeordnet mit Blick auf die Stadt oder ins Foyer.
🛈 419 🚇 Metro: Linie 3 (Zona Universitària); Bus: 67 & 68
🅿 🔄 ♿ 🏊 🍴
🐾 Alle gängigen Kreditkarten

■ ABAC
€€€€ *****
AVINGUDA TIBIDABO, 1, 08022
TEL 933 196 600
FAX 933 196 601
www.abacbarcelona.com

Luxus heißt die Devise in diesem Hotel, gelegen in einem historischen Gebäude mit Garten an einer der exklusivsten Promenaden am Hügel, der hinauf zum Tibidabo führt. Vom Standardzimmer bis zur Grand Suite, vom Wellness-Bereich bis zum Michelin-Sterne gekrönten Restaurant – hier stimmt alles.
🛈 15 🚆 Train: Avinguda Tibidao
🔄 ♿ 🐾 Alle gängigen Kreditkarten

MONTJUÏC

Am Fuße des »Olympiabergs« liegen gleich mehrere Hotels entlang der Av. del Paral·lel und der Plaça Espanya, die vor allem bei Messebesuchern sehr beliebt sind. Doch ein Luxus-Hotel in exklusiver Lage sticht besonders hervor.

■ MIRAMAR
€€€€€ *****
PLAÇA CARLOS IBÁÑEZ, 3, 08038
TEL 932 811 600
FAX 932 811 601
www.hotelmiramarbarcelona.es
In herrlicher Lage am Rande des Bergs Montjuïc mit Blick über den Hafen, verfügen fast alle Zimmer über einen Balkon mit fantastischer Aussicht. Nach einem Besuch der vielen kulturellen Sehenswürdigkeiten am Montjuïc entspannen Sie in einem Bad von Phillipe Starck oder auf der Poolterrasse in Teakholz-Ambiente.
🛈 75 🚇 Metro: Linien 2 & 3 (Paral·lel) plus Funicular (oder Taxi)
🅿 🔄 ♿ 🏊 🍴
🐾 Alle gängigen Kreditkarten

SPRACHFÜHRER

Barcelona ist eine zweisprachige Stadt. Besucher mit Spanischkenntnissen werden den Unterschied zur Sprache der Einheimischen, dem Catalan, schnell hören. Schilder, Speisekarten etc. finden sich zunehmend und ausschließlich auf Katalanisch, weshalb der folgende Sprachführer beides angibt, Katalanisch und Spanisch.

Nützliche Wörter & Sätze

Ja *si/sí*
Nein *no*
Entschuldigen Sie *perdoni/perdone*
Hallo (vormittags) *bon dia!/buenos días!*, (nachmittags) *bona tarda!/¡buenas tardes!*
Hi *hola!/¡hola!*
Bitte *si us plau/por favor*
Danke *gràcies/gracias*
Gern geschehen *de res/de nada*
OK *d'acord/de acuerdo*
Auf Wiedersehen *adéu/adiós*
Guten Abend *bona nit/buenas noches*
Entschuldigung *ho sento/lo siento*
Hier *aquí/aquí*
Dort *allà/allí*
Heute *avui/hoy*
Gestern *ahir/ayer*
Morgen *demà/mañana*
Jetzt *ara/ahora*
Später *més tard/más tarde*
Heute Morgen *aquest matí/esta mañana*
Heute Nachmittag *aquesta tarda/esta tarde*
Heute Abend *aquest vespre oder aquesta nit/esta noche*
Geöffnet *obert/abierto*
Geschlossen *tancat/cerrado*

Ich möchte gern … *Voldria…/Quisiera*
Ich verstehe nicht *No entenc/No entiendo*
Bitte sprechen Sie langsamer *Si us plau, parli més a poc a poc/Por favor, hable más despacio*
Wo ist …? *¿On és …?/¿Donde está …?*
Wie heißen Sie? *¿Com es diu?/¿Cómo se llama?*
Ich heiße *Em dic…/Me llamo…*
Um wie viel Uhr? *¿A quina hora?/¿A qué hora?*
Wann? *¿Quan?/¿Cuándo?*
Können Sie mir helfen? *¿Em pot ajudar?/¿Me puede ayudar?*
Wie viel kostet das? *¿Quant costa?/¿Cuánto vale?*

Kulinarischer Sprachführer

Frühstück *l'esmorzar/el desayuno*
Mittagessen *el dinar (el menjar)/el almuerzo (la comida)*
Abendessen *el sopar/la cena*
Appetizer *l'entrant/el entrante*
Erster Gang *el primer/el primero*
Hauptgang *el segon/el segundo*
Dessert *les postres/el postre*
Speisekarte *la carta*
Weinkarte *la carta de vins/la carta de vinos*
Rechnung *el compte/la cuenta*
Ich möchte gerne bestellen *Ja pot prendre nota/Ya puede tomar nota*

Getränke (Begudes/Bebidas)

Wasser *aigua/agua*
Orangensaft *suc de taronja/zumo de naranja*
Bier *cervesa/cerveza*
Weißwein *vi blanc/vino blanco*
Rotwein *vi negre/vino tinto*
Kaffee *cafè/café*
Espresso *cafè sol*
Tee *tè/té*

Fleisch (Carn/Carne)

Ente *ànec/pato*
Lamm *anyell/cordero*
Rind *bou/buey*
Schinken *pernil/jamón*
Schwein *porc/cerdo*
Huhn *pollastre/pollo*
Wurst *salsitxa/salsicha*
Lamm *vedella/ternera*

Meeresfrüchte (Mariscos)

Gesalzener Kabeljau *bacallà/bacalao*
Muscheln *cloïsses/almejas*
Krabben *cranc/cangrejo*
Garnelen *gambes/gambas*
Hummer *llagosta/langosta*
Miesmuscheln *musclos/mejillones*
Austern *ostres/ostras*
Tintenfisch *pop/pulpo*
Thunfisch *tonyina/atún oder bonito*

Gemüse (Verdures/Verduras)

Auberginen *albergínia/berenjena*
Knoblauch *all/ajo*
Salat *amanida/ensalada*
Reis *arròs/arroz*
Pilze *bolets/setas*
Zwiebel *ceba/cebolla*

Obst (Fruites/Frutas)

Kirschen *cireres/cerezas*
Erdbeeren *maduixes/fresas*
Apfel *poma/manzana*
Pfirsich *préssec/melocotón*
Trauben *raïm/uva*
Orange *taronja/naranja*

PRAKTISCHE REISETIPPS

REGISTER

Kursive Seitenzahlen beziehen sich auf die Stadtplan-Seiten.

A

Anella Olímpica *161*, 165
Anreise 176
Antic Hospital de la Santa Creu 22, *62*, 66
Antigua Casa Figueras 123
Antikmarkt 109
Apotheken 179
Arc de Triomf 59
Architektur
   Katalanische Gotik 56–57
   siehe auch modernisme
Aussichtspunkte 39, 71, 83, 151, 156–157, 166
Avinguda Tibidabo *147*, 150

B

Badalona 91
Banken 178
Barceloneta 17, *25*, 26, 90
Barri Gòtic 44–59, *46–47*
   Basílica de la Mercè *47*, 52–53
   Catedral (La Seu) 15, 17, *21*, *46*, 51
   El Call 22, *47*, 49
   Hotels 181–182
   MUHBA (Museu de Historia de Barcelona) *21*, *47*, 49, 54–55
   Plaça de la Vila de Madrid *46*, 48
   Plaça de Sant Felip Neri *46*, 50
   Plaça de Sant Jame *19*, 22, *47*, 50
   Plaça del Pi 23, *46*, 48–49
   Plaça Reial *19*, *47*, 53, 74
   Porta del Mar *47*, 52
Bars und Cafés 124–125, 178
Basílica de la Mercè *47*, 52–53
Basílica dels Sants Màrtirs Just i Pastor 57, 59
Bootsrundfahrten 35, 82, 108, 177
Born Centre Cultural *21*, 23, *95*, 100
Botanischer Garten 27, *161*, 166, 173
Busse 176–177

C

CaixaForum *160*, 162–163
Camp Nou *146*, 148, 154–155, 173
Camp Nou bis Tibidabo 144–157, *146–147*
   Avinguda Tibidabo *147*, 150
   CosmoCaixa *36*, 38–39, *147*, 150
   Hotels 186
   Monestir de Pedralbes *146*, 152–153
   Museu del FC Barcelona *146*, 148
   Parc und Palau Reial de Pedralbes *146*, 148–149
   Sarrià *146*, 149
   Tibidabo *36*, 39, *147*, 151, 156
   Tramvia Blau *147*, 150
Can Framis 142
Casa Amatller 116
Casa Batlló 26, *113*, 115, 116–117, 123
Casa Calvet *28*, 31
Casa Fuster 119
Casa Lleó Morera 116
Casa Museu Gaudí *128*, 133
Casa Thomas 122
Casa Vicens 123
Castell de Montjuïc *37*, 38, 157, *161*, 167
Catedral (La Seu) 15, 17, *21*, *46*, 51
Centre de Cultura Contemporània de Barcelona (CCCB) *62*, 65
Consell de Cent (Kunstgalerie) *113*, 115
CosmoCaixa *36*, 38–39, *147*, 150

D

Dalí, Salvador 171
DHUB (Design Hub Barcelona) *129*, 134
Domènech i Montaner, Lluis 17, 74, 96, 101, 119, 121, 122, 123, 131

E

El Born *25*, 26, 99
El Call 22, *47*, 49
El Raval *24*, 27
   siehe auch La Rambla & El Raval
El Xampanyet *29*, 30
Elektrizität 178
Els Quatre Gats 104, 123, 170
Essen & Trinken
   Bars und Cafés 124–125, 178
   Gourmet-Tour 28–31
   Katalanische Küche 106–107

F

FC Barcelona 148, 154–155

Festivals 52, 59, 72–73, 88–89, 100
Flohmarkt 108, 135
Flughafen 176
Font de Canaletes *62*, 64
Formel-1-Rennsport 172
Fundació Antoni Tàpies *113*, 120–121
Fundació Francisco Godia 142
Fundació Joan Miró *18*, 22, *161*, 166
Fundació Suñol 143
Fundsachen 179
Funicular *37*, 38, 167
Fußball 148, 154–155, 173

G

Gaudí, Antoni 16, 23, 26, 34, 53, 66, 70–71, 116–117, 118–119, 122, 123, 131–133, 136–139, 143, 149, 169
Geld 178
Golondrinas *32*, 35, *78*, 82
Gràcia 23, *112*, 119
Gran Teatre del Liceu *63*, 68
Granja Viader *29*, 30

H

Hafen *15*, 17, *19*, 74, 76–91, 78–79
   Golondrinas *32*, 35, *78*, 82
   Hotels 182–183
   L'Aquarium 17, *78*, 81
   Mirador de Colom *32*, 35, *78*, 83, 156
   Museu d'Historia de Catalunya *78*, 80–81
   Museu Marítim de Barcelona *79*, 86–87
   Transbordador Aeri (Seilbahn) *18*, *37*, 38, *78*, 84, 157, 167
Hospital de la Santa Creu i Sant Pau 16, 123, *128*, 130–131
Hotels 180–186

I

Illa de la Discòrdia *14*, 16, 23, *113*, 116–117
Informationsservice der Bahn 176, 177

J

Jardí Botànic *161*, 166
Jardins de Jaume Perich 141
Jardins de Laribal 140–141

188 | WALKING BARCELONA

Jardins del Rector Oliveras 141
Jardins del Teatre Grec 140
Jüdisches Viertel 22, 47, 49

K

Kasino 84–85
Kastells 72, 119
Katalanische Kultur 72–73
Kinos 69, 85, 119
Kirchen
  Basílica de la Mercè 47, 52–53
  Basílica dels Sants Màrtirs Just i Pastor 57, 59
  Catedral (La Seu) 15, 17, 21, 46, 51
  La Sagrada Família 14, 16, 20, 23, 115, 128, 136–139
  Sant Pau del Camp 63, 68
  Santa Anna 57
  Santa Maria del Mar 23, 26, 56, 57, 95, 98–99
  Santa Maria del Pi 23, 49, 56, 57
  Temple Expiatori del Sagrat Cor 156
Klima 176
Kolumbus-Denkmal 32, 35, 78, 83, 156
Konsulate 179
Konzerte 17, 53, 84, 96–97, 99, 134, 165
Krankenhäuser 179
Kulturzentren 21, 48, 65, 100
Kunstgalerien 48, 113, 115, 117
Künstlerisches Erbe 170–171
Kunstmarkt 22, 49

L

L'Aquàrium 17, 78, 81
L'Auditori 129, 134
La Font Màgica 24, 27, 75
La Pedrera (Casa Milà) 20, 23, 112, 115, 118–119
La Rambla & El Raval 60–75, 62–63
  Antic Hospital de la Santa Creu 62, 66
  Centre de Cultura Contemporània de Barcelona (CCCB) 62, 65
  Font de Canaletes 62, 64
  Gran Teatre del Liceu 63, 68
  Hotels 182
  Mercat de la Boqueria 16–17, 19, 22, 29, 30, 63, 67

  Museu d'Art Contemporani de Barcelona (MACBA) 62, 64
  Palau de la Virreina 62, 66
  Palau Güell 63, 70–71
  Rambla del Raval 63, 69
  Sant Pau del Camp 63, 68
La Rambla 14, 16, 60–68
La Ribera 92–109, 94–95
  Born Centre Cultural 21, 23, 95, 100
  Hotels 183–184
  Mercat de Santa Caterina 26, 94, 97, 108
  Museu Picasso 15, 21, 23, 26, 94, 102–105, 115
  Palau de la Música Catalana 17, 94, 96–97, 115, 123
  Parc de la Ciutadella 21, 23, 33, 34, 95, 100–101, 140
  Passeig del Born 95, 99
  Santa Maria del Mar 23, 26, 56, 57, 95, 98–99
La Sagrada Família 14, 16, 20, 23, 115, 128, 136–139
La Sagrada Família bis Park Güell 126–143, 128–129
  Casa Museu Gaudí 128, 133
  DHUB (Design Hub Barcelona) 129, 134
  Hospital de la Santa Creu i Sant Pau 16, 123, 128, 130–131
  Hotels 186
  La Sagrada Família 14, 16, 20, 23, 115, 128, 136–139
  L'Auditori 129, 134
  Museu de la Música 129, 134
  Parc de Joan Miró 59, 141
  Park Güell 20, 128, 131–133, 140, 157
  Plaça de les Glòries 129, 135
La Torre de les Aigües 59, 141
Las Arenas 24, 27, 162

M

Mar Bella 90
Markt für Münzen- und Briefmarken 53
Märkte 16–17, 19, 22, 23, 26, 29, 30, 49, 53, 63, 67, 69, 94, 97, 108
Mercat de la Boqueria 16–17, 19, 22, 29, 30, 63, 67
Mercat de Santa Caterina 26, 94, 97, 108
Metro 177

Mirador de Colom 32, 35, 78, 83, 156
Miró, Joan 59, 166, 170
Mode/Shopping 99, 108–109, 117, 119
modernisme 16, 17, 23, 59, 70–71, 72, 74, 96–97, 116–117, 118–119, 120–121, 122–123, 130–131, 140, 143, 150, 162, 169
Monestir de Pedralbes 146, 152–153
Montjuïc 25, 26, 38, 158–173, 160–161
  Anella Olímpica 161, 165
  CaixaForum 160, 162–163
  Castell de Montjuïc 37, 38, 157, 161, 167
  Fundació Joan Miró 18, 22, 161, 166
  Hotels 186
  Jardí Botànic 161, 166
  Museu Nacional 18, 160, 168–169
  Pavelló Mies van der Rohe 160, 163
  Plaça d'Espanya 160, 162
  Poble Espanyol 37, 38, 75, 160, 164
MUHBA (Museu d'Història de Barcelona) 21, 47, 49, 54–55
Museen & Galerien
  CaixaForum 160, 162–163
  Can Framis 142
  Casa Museu Gaudí 128, 133
  CosmoCaixa 36, 38–39, 147, 150
  Dalí-Museen 171
  DHUB (Design Hub Barcelona) 129, 134
  Fundació Antoni Tàpies 113, 120–121
  Fundació Francisco Godia 142
  Fundació Joan Miró 18, 22, 161, 166
  Fundació Suñol 143
  MUHBA (Museu d'Història de Barcelona) 21, 47, 49, 54–55
  Museu Cau Ferrat 170
  Museu d'Art Contemporani de Barcelona (MACBA) 62, 64
  Museu del Calçat 50, 142
  Museu del FC Barcelona 146, 148
  Museu d'Historia de Catalunya 78, 80–81
  Museu Egipci de Barcelona 143

REGISTER

Museu Frederic Marés 17
Museu Marítim de Barcelona 79, 86–87
Museu del Modernisme Català 16, 123, 143
Museu de la Música 129, 134
Museu Nacional 18, 160, 168–169
Museu Olímpic i de l'Esport 22
Museu Picasso 15, 17, 21, 23, 26, 94, 102–105, 115
Museu de la Xocolata 32, 35, 142

N
Nachtleben 74–75
Notfalldienste 179

O
Öffentliche Verkehrsmittel 176–177
Öffnungszeiten 23, 178

P
Palau de la Generalitat 50
Palau de la Música Catalana 17, 94, 96–97, 115, 123
Palau de la Virreina 62, 66
Palau del Baró de Quadras 122
Palau Güell 63, 70–71
Palau Reial de Pedralbes 148–149
Palau Sant Jordi 22, 165
Parks & Gärten 140–141
  Botanischer Garten 161, 166
  Jardí Botànic 161, 166
  Jardins de Jaume Perich 141
  Jardins de Laribal 140–141
  Jardins del Rector Oliveras 141
  Jardins del Teatre Grec 140
  Parc d'Atraccions 151
  Parc de la Ciutadella 21, 23, 33, 34, 95, 100–101, 140
  Parc de l'Espanya Industrial 141
  Parc de l'Estació del Nord 141
  Parc de Joan Miró 59, 141
  Parc und Palau Reial de Pedralbes 146, 148–149
  Park Güell 20, 128, 131–133, 140, 157
Passeig de Gràcia 23, 26, 59, 110–125, 112–113
  Casa Batlló 26, 113, 115, 116–117, 123
  Consell de Cent art galleries 113, 115
  Fundació Antoni Tàpies 113, 120–121

Gràcia 23, 112, 119
Hotels 184–186
Illa de la Discòrdia 14, 16, 23, 113, 116–117
La Pedrera (Casa Milà) 20, 23, 112, 115, 118–119
Plaça de Catalunya 25, 26, 113, 114–115
Rambla de Catalunya 112, 117
Passeig del Born 95, 99
Passeig Lluís Companys 59
Pavelló Mies van der Rohe 160, 163
Picasso, Pablo 171
  siehe auch Museu Picasso
Plaça d'Espanya 160, 162
Plaça de Catalunya 25, 26, 113, 114–115
Plaça de la Vila de Madrid 46, 48
Plaça de les Glòries 129, 135
Plaça de Sant Felip Neri 46, 50, 58
Plaça de Sant Jaume 19, 22, 47, 50
Plaça del Pi 23, 46, 48–49
Plaça Reial 19, 47, 53, 74
Plaça Sant Just 58–59
Platja de la Barceloneta 25, 26, 35
Poble Espanyol 37, 38, 75, 160, 164
Polizei 50, 179
Porta del Mar 47, 52
Post 178
Puig i Cadafalch, Josep 116, 122, 162

Q
Quadrat d'Or 122

R
Radsport 172, 177
Rambla de Catalunya 112, 117
Rambla del Raval 63, 69
Reial Acadèmia de Medicina 66
Reisende mit Behinderung 179
Reiseversicherung 176
Reisezeit 176
Restaurant 7 Portes 29, 30–31
Roca Moo 28, 31
Römische Stätten 48, 52, 55
Rundgänge 177

S
Sant Pau del Camp 63, 68
Sant Sebastià 90
Santa Anna 57
Santa Eulàlia (Schooner) 87
Santa Maria del Mar 23, 26, 56, 57, 95, 98–99
Santa Maria del Pi 23, 49, 56, 57
sardana 51, 73
Sarrià 146, 149
Schokoladenmuseum 32, 35, 142
Schuhmuseum 50, 142
Schwimmbäder 22, 165, 172
Segeln 172
Seilbahn 18, 37, 38, 78, 84, 157, 167
Shopping 23, 108–109, 178
  siehe auch Camp Nou bis Tibidabo
Sitges 91
Sport 148, 154–155, 172–173
Sprachführer 187
Strände 33, 35, 90–91

T
Tàpies, Antoni 120–121, 171
Taschendiebe 64
Taxis 177
Telefone 178–179
Temple Expiatori del Sagrat Cor 156
Tennis 172–173
Tibidabo 36, 39, 147, 151, 156
Torre Agbar 135
Torre de Collserola 36, 39, 156
Touristeninformation 179
Tramvia Blau 147, 150
Transbordador Aeri (Seilbahn) 18, 37, 38, 78, 84, 157, 167
Transport und Verkehr 176–177
Trinkgeld 179

V
Vergnügungspark 36, 39, 151
Vila Olímpica und Port Olímpic 79, 84–85
Vila Olímpica und Port Olímpic 79, 84–85
Vila Viniteca 28, 31
Vinçon 28, 31

W
Websites 179
Weihnachtsmarkt 108

X
xiringuitos 17, 74

Z
Zeitbverschiebung 179
Zoo Barcelona 23, 33, 34–35, 101

Autorin
Judy Thomson
Zusätzliche Texte von Reg Grant, Suzanne Wales und Joe Yogerst

Bildnachweis
Abkürzungen: GI (Getty Images), SH (Shutterstock.com), SS (SuperStock)
o = oben, u = unten, l = links, r = rechts, M = Mitte.

2–3 SH/Toniflap; **4** Pietro Canali/SIME/**4**Corners; **5ul** T. Halliday; **5or** T. Halliday; **5br** imagebroker.net/SS; **6** T. Halliday; **9** Anna Serrano/SIME/**4**Corners; **12–13** Vladitto/SH; **14or** Ulrich Schade/Alamy; **14Ml** T. Halliday; **14ur** David Angel/Alamy; **15ur** Alis Leonie/SH;**16** David Noton/Alamy; **18** Xavi Padrós/MNAC; **19** T. Halliday; **20ol** T. Halliday; **20or** T. Halliday; **20ur** Karsol/SH; **21u** VLADJ55/SH; **22** T. Halliday; **24oM** T. Halliday; **24ul** Karsol/SH; **25o** Steve Vidler/SS; **25u** T. Halliday; **27** T. Halliday; **28l** Olga Planas photographer for Hotel Omm; **28r** T. Halliday; **29l** Jordi Espuny/Granja Viader; **29r** El Quim; **30** travelstock44/Alamy; **32** T. Halliday; **33ol** Hal Brindley/SH; **33Mr** T. Halliday; **33ur** Prometheus72/SH; **34** T. Halliday; **36l** Nico Traut/SH; **36r** Siqui Sanchez; **37l** T. Halliday; **37r** Stocker1970/SH; **39** Siqui Sanchez; **40–41** Mihal-Bogdan Lazar/SH; **44** T. Halliday; **46r** Matthias Hauser/image/imagebroker.net/SS; **46l** SH; **47** Bjanka Kadic/Alamy; **48** T. Halliday; **51–54**T. Halliday; **56** Carlos S.Pereyra/age fotostock/SS; **58** T. Halliday; **60** Peter Phipp/Travelshots.com/Alamy; **62or** Mikko Mattila-Travel, Spain, Catalonia/Alamy; **62Ml**, **Mr** T. Halliday; **63l** T. Halliday; **63r** Alexandar Todorovic; **65**, **67** T. Halliday; **69** dymon/SH; **70** Luciano Mortula/SH; **72** KarSol/SH; **73** Stefano Politi/age fotostock/SS; **75** Hemis.fr/SS; **76** Pietro Canali/4Corners Images; **78** T. Halliday; **79o** J. Play/Museu Marítim de Barcelona; **79u** T. Halliday; **80–81** T. Halliday; **82** ziggysofi/SH; **83** Movementway/imagebroker/imagebroker.net/SS; **85** r.nagy/SH; **86** Jean-Pierre Lescourret/Lonely Planet Images/Getty **88** Anky/SH; **89** Lucas Vellecillos/age fotostock/SS; **91** nito/SH; **92** age fotostock/SS; **94–97** T. Halliday; **98** Luciano Mortula/SH; **101** Glyn Thomas/Alamy; **102** T. Halliday; **104** Apic/GI; **106** T. Halliday; **107** Mikhail Zahranichny/SH; **109** age fotostock/SS; **110–113** T. Halliday; **114** ksl/SH; **116** Luciano Mortula/SH; **118** age fotostock/SS **120** T. Halliday; **122** vvoe/SH; **123** T. Halliday; **125** Peter Scholey/Alamy; **126** Vladmir Sazonov/SH; **128Ml** T. Halliday; **128Mr** piotrwzk/SH; **129Ml** L'Auditori; **129Mr** Jordi Cami/Alamy; **130** ksi/SH; **132** vvoe/SH; **133** T. Halliday; **135** Sylvain Sonnet/GI; **136** Sylvain Sonnet/GI **138** piotrwzk/SH; **139** Prometheus72/SH; **140** Ruggero Franceschini/SH; **141** T. Halliday; **143** Gregory Wrona/Alamy; **144** LOOK Die Bildagentur der Fotografen GmbH/Alamy; **146** Mikhail Zahranichny/SH; **147o** Philip Lange/SH; **147u** Siqui Sanchez; **148** posztos/SH; **151** LOOK Die Bildagentur der Fotografen GmbH/Alamy; **152** Elena Solodovnikova/SH; **154–155** Natursports/SH; **157** Prisma Bildagentur AG/Alamy; **158** piotrwzk/SH; **160** Günter Gräfenhain/4Corners Images; **161l** kiya-nochka/SH; **161r** T. Halliday; **162** Hemis.fr/SS; **163** Miguelito/SH;**164** Travel Division Images/Alamy; **167** T. Halliday; **168** Imagen Mas, MNAC; **170** KarSol/SH; **171** imagebroker.net/SS; **173** KKulikov/SH; **174–175** David Kilpatrick/Alamy.

Verantwortlich: Ulrich Jahn, Alina Gillen
Gesamtproducing: bookwise, München
Übersetzung: Regina Schneider
Korrektorat: Asta Machat
Umschlaggestaltung: Rudi Stix
Herstellung: Bettina Schippel
Printed in Slovenia by Florjancic

 ★★★★★

Sind Sie mit diesem Titel zufrieden? Dann würden wir uns über Ihre Weiterempfehlung freuen.
Erzählen Sie es im Freundeskreis, berichten Sie Ihrem Buchhändler, oder bewerten Sie bei Onlinekauf.
Und wenn Sie Kritik, Korrekturen, Aktualisierungen haben, freuen wir uns über Ihre Nachricht an NG Buchverlag, Postfach 40 02 09, D-80702 München oder per E-Mail an reise@nationalgeographic.de.

Unser komplettes Buchprogramm finden Sie unter

www.nationalgeographic-buch.de

Titel der amerikanischen Originalausgabe:
Walking Barcelona © 2014 National Geographic Partners, LLC

© 2017 National Geographic Partners, LLC.

Umschlagmotiv: Das Disseny HUB neben dem Hochhaus Torre Agbar (Andreas Strauß/Lookphotos)

Alle Rechte vorbehalten. Reproduktionen, Speicherungen in Datenverarbeitungsanlagen oder Netzwerken, Wiedergabe auf elektronischen , fotomechanischen oder ähnlichen Wegen, Funk oder Vortrag – auch auszugsweise – nur mit ausdrücklicher Genehmigung des Copyrightinhabers.

Alle Angaben dieses Werkes wurden von den Autoren sorgfältig recherchiert und auf den neuesten Stand gebracht sowie vom Verlag geprüft. Für die Richtigkeit der Angaben kann jedoch keine Haftung übernommen werden.

Die Deutsche Nationalbibliothek verzeichnet diese Publikation in der Deutschen Nationalbibliografie; detaillierte bibliografische Daten sind im Internet über http://dnb.d-nb.de abrufbar.

Deutsche Ausgabe veröffentlicht von:
NG Buchverlag GmbH, München 2017
Lizenznehmer von: National Geographic Partners, LLC
NATIONAL GEOGRAPHIC und das Markenzeichen (Yellow Border) sind Marken der National Geographic Society und werden mit Genehmigung genutzt.

ISBN 978-3-95559-209-7

Seit ihrer Gründung 1888 hat sich die National Geographic Society weltweit an mehr als 12 000 Expeditionen, Forschungs-, und Schutzprojekten beteiligt. Die Gesellschaft erhält Fördermittel von National Geographic Partners LLC, unterstützt unter anderem durch Ihren Kauf. Ein Teil der Einnahmen dieses Buches hilft uns bei der lebenswichtigen Arbeit zur Bewahrung unserer Welt. Das legendäre NATIONAL GEOGRAPHIC-Magazin erscheint monatlich. Darin veröffentlichen namhafte Fotografen ihre Bilder und renommierte Autoren berichten aus nahezu allen Wissensgebieten der Welt. National Geographic im TV ist ein Premium Dokumentations-Sender, der ein informatives und unterhaltsames Programm rund um die Themen Wissenschaft, Technik, Geschichte und Weltkulturen bereithält. Falls Sie mehr über National Geographic wissen wollen, besuchen Sie unsere Website unter www.nationalgeographic.de.

Published by the National Geographic Society
John M. Fahey, Jr., *Chairman of the Board and Chief Executive Officer*
Declan Moore, *Executive Vice President; President, Publishing and Travel*
Melina Gerosa Bellows, *Executive Vice President; Publisher and Chief Creative Officer, Books, Kids, and Family*
Lynn Cutter, *Executive Vice President, Travel*
Keith Bellows, *Senior Vice President and Editor in Chief, National Geographic Travel Media*

Prepared by the Book Division
Hector Sierra, *Senior Vice President and General Manager*
Janet Goldstein, *Senior Vice President and Editorial Director*
Jonathan Halling, *Creative Director*
Marianne R. Koszorus, *Design Director*
Barbara A. Noe, *Senior Editor, National Geographic Travel Books*
Elisa Gibson, *Designer*
R. Gary Colbert, *Production Director*
Mike Horenstein, *Production Manager*
Jennifer A. Thornton, *Director of Managing Editorial*
Meredith C. Wilcox, *Director, Administration and Rights Clearance*

Created by Toucan Books Ltd
Ellen Dupont, *Editorial Director*
Anna Southgate, *Editor*
Dave Jones, *Designer*
Merritt Cartographic, *Maps*
Theodore van Houten, *Editorial Support*
Marion Dent, *Proofreader*
Marie Lorimer, *Indexer*